Esto Es Mi Cuerpo

UN LLAMADO A UN
RESURGIMIENTO EUCARÍSTICO

Obispo Robert Barron

Traducido por Luciano Molinas

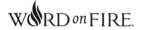

Dirección artística del diseño de tapa, composición tipográfica e interior a
cargo de Rozann Lee, Michael Stevens y Katherine Spitler

Citas bíblicas de El Libro Del Pueblo De Dios (https://www.vatican.va/
archive/ESL0506/_INDEX.HTM) Copyright © Libreria Editrice Vaticana
(2007 05 07)

Adaptado de Eucharist, Segunda Edición, publicada en 2021 por
el Instituto Word on Fire

Primera Edición publicada en 2008 por Orbis Books

26 25 24 23 I 2 3 4
ISBN: 978-1-68578-043-2

Número de Control de la Biblioteca del Congreso: 2022943338

Índice

La Fuente y Culmen

EN 2019, EL prestigioso Pew Forum publicó los resultados de una encuesta de Católicos sobre su creencia en la Eucaristía. Junto con muchos otros, quedé alarmado cuando leí los datos, porque descubrí que sólo un tercio de los encuestados suscribían a la enseñanza oficial de la Iglesia de que Jesús está real, verdadera y substancialmente presente bajo los signos o apariencias de pan y vino. Dos tercios enteros sostenían que los elementos Eucarísticos eran meramente símbolos de la presencia de Jesús. Debo advertir que esta encuesta no fue dirigida a la población en general o solo a Cristianos, sino a Católicos. Tanto se vea como una falla en la catequesis, la predicación, la teología, la liturgia o la evangelización, fue un indicio de un desastre espiritual. Digo esto porque el Concilio Vaticano II enseñó claramente que la Eucaristía es «la fuente y culmen de la vida Cristiana».

Por lo tanto, el estudio de Pew reveló que la gran mayoría de nuestro propio pueblo Católico no comprendía esta realidad central y crucial, el comienzo y el fin del

Cristianismo. Poco después de leer estas estadísticas desalentadoras, asistí a la reunión del Comité Administrativo de la Conferencia de Obispos Católicos de los Estados Unidos, de la cual era miembro en virtud de que era el Presidente del Comité de Evangelización y Catequesis. Al final de una larga sesión, pedí por el micrófono y les dije a los obispos reunidos en aquella mesa, «Hermanos, pienso que tenemos un problema serio». Al finalizar la reunión, siete u ocho encargados de los otros comités se me acercaron y me dijeron: «¿Con qué podemos ayudar?» Resolvimos reunirnos por Zoom (esto fue durante el COVID) y compartir ideas. De estas conversaciones, surgió el Avivamiento Eucarístico, en marcha actualmente.

Resolvimos que debían aunarse esfuerzos para restaurar una creencia vibrante en la Eucaristía y que esto tendría lugar al nivel local, regional y nacional. Especificamos además que el proceso debería estructurarse a través de los tres trascendentales —que son el bien, la verdad y la belleza. Bajo la categoría del bien, deberíamos mirar a las implicancias sociales y éticas de nuestra fe Eucarística, del mismo modo que nuestro compromiso hacia los pobres y a la justicia social fluye naturalmente de la recepción del Cuerpo y la Sangre del Señor. Bajo la guía de la verdad, enseñaríamos, catequizaríamos y predicaríamos sobre el significado del Santísimo Sacramento, especialmente sobre la Presencia Real de Jesús. Y finalmente, bajo la prescripción de la belleza, atraeríamos la atención sobre las prácticas litúrgicas y devocionales que rodean a la Eucaristía.

Estos apuntes fueron presentados a todos los obispos en nuestras reuniones regionales, y luego, durante la siguiente reunión plenaria en noviembre, votamos por el lanzamiento de este resurgimiento. En aquel momento, mi período como Presidente del Comité de Evangelización había llegado a su fin, y transferí confiadamente el proyecto a mi sucesor, el obispo Andrew Cozzens. El obispo Cozzens y sus colegas están llevando magníficamente esta idea a su concreción. El libro que estás por leer tiene el propósito de acompañar este Avivamiento Eucarístico. Analizo la fuente y culmen de la vida Cristiana conforme a las categorías de comida, sacrificio y Presencia Real. Mi oración sincera es que pueda ayudarte a comprender el sacramento del Cuerpo y Sangre de Jesús más minuciosamente, precisamente para que puedas enamorarte de él más completamente.

δ

CAPÍTULO I

La Eucaristía como Comida Sagrada

COMENZAREMOS CON EL tema de la sagrada comida, y estableceremos este tema de la forma más amplia posible dentro del contexto bíblico. La primera línea del libro del Génesis nos dice que «en el principio . . . Dios creó los cielos y la tierra» (Gn 1,1). ¿Por qué Dios, que es perfecto de todas formas y que no necesita nada fuera de sí mismo, se molesta en crear algo? Existen montones de mitologías y filosofías —tanto antiguas como modernas— que dicen que Dios necesita el universo o se beneficia de alguna manera de él, pero la teología Católica ha repudiado siempre estos abordajes y ha sostenido la total autonomía de Dios. Por tanto, la pregunta persiste: ¿Por qué crea Dios? La respuesta que dio el Concilio Vaticano I refleja la corriente principal de la teología Católica. Dios creó los cielos y la tierra «en su bondad y por su fuerza todopoderosa, no para aumentar su bienaventuranza». El teólogo de la antigüedad Pseudo Dionisio Areopagita dijo que el bien, por su naturaleza misma, es difusivo. Cuando estás de buen humor, no te escondes; al contrario, tiendes a entrar en efervescencia, comunicando tu alegría. Dios es el bien supremo, y por lo tanto Dios es absolutamente difusivo de sí mismo; la intensidad de su gozo es tal que desborda en la creación.

Profundicemos un paso más. El amor, en el sentido teológico, no es una sensación ni un sentimiento, aunque a menudo está acompañado por esos estados psicológicos. En su esencia, el amor es un acto de la voluntad, más precisamente, el desear el bien del otro como un otro. Amar es realmente querer lo que es bueno para alguien más y luego actuar sobre ese deseo. Muchos de nosotros somos amables, generosos, o justos, pero sólo para que alguien más pueda devolvernos el favor y ser amable, generoso o justo con nosotros. Esto es egoísmo indirecto, más que amor. El auténtico amor es un acto extático, es un salto fuera de los confines estrechos de mis necesidades y deseos y un abrazarse al bien del otro para beneficio del otro. Es un escape del agujero negro del ego, que tiende a atraer todo lo que tiene alrededor hacia sí. A la luz de este conocimiento, podemos ver ahora que la creación de Dios es un acto supremo de amor de Dios. Dios, en verdad, no necesita nada fuera de sí mismo; por lo tanto, la existencia misma del universo es una prueba de que ha sido amado a la existencia —esto es, ha sido deseado completamente para su propio bien. Más aún, ya que Dios es el creador de los cielos y la tierra (en clave bíblica, «absolutamente todo»), todas las cosas creadas deben estar conectadas entre sí por el vínculo más profundo.

Porque todas las creaturas —desde los arcángeles hasta los átomos— surgen aquí y ahora a partir del poder creativo de Dios, todos están relacionados entre sí a través de la centralidad divina. Todos somos —nos guste o no, lo reconozcamos o no— hermanos ontológicos, miembros de la misma familia de creación y compartimos el mismo Padre. En la Edad Media, Francisco de Asís expresó esta idea en su «Cántico del Hermano Sol», hablando del «Hermano Sol» y la «Hermana Luna», el «Hermano Fuego» y la «Hermana Agua». Eso no fue simplemente poesía encantadora sino metafísica exacta. Todo en el orden creado —incluso los objetos inanimados, incluso la fuerza cósmica más distante, incluso las realidades que no puedo ver— son hermanos y hermanas mías. Notamos cómo el autor se regocija al describir la amplia variedad de cosas que Dios crea, desde la luz misma, hasta la tierra y el mar, hasta todos los árboles y plantas que crecen desde el suelo, hasta aquellas insignificantes bestias que se arrastran sobre él. Desde los tiempos antiguos hasta el presente, la Iglesia ha batallado contra la herejía Gnóstica, para la cual la materialidad es un aspecto modesto o fallido de la realidad, el producto de un dios inferior. El libro del Génesis —y la Biblia como un todo— es ferozmente antignóstico. El único Dios Creador hace todas las cosas, declara que todas ellas son buenas y proclama al conjunto de las creaturas muy buenas. Por tanto, podemos decir que el universo, en la interpretación bíblica, ha sido amado a la existencia por un Dios gozoso y está marcado, a todo nivel y en toda dimensión, por una coinherencia, una conectividad y mutualidad. Como culminación de la creación,

Dios hizo los primeros seres humanos y les dio dominio sobre la tierra: «Y los bendijo, diciéndoles: "Sean fecundos, multiplíquense, llenen la tierra y sométanla; dominen a los peces del mar, a las aves del cielo y a todos los vivientes que se mueven sobre la tierra"» (Gn 1, 28). Debemos ser cuidadosos para interpretar este pasaje correctamente, atento a las múltiples críticas que han surgido en el último siglo o a la muy preocupante indiferencia ecológica y a una suerte de chauvinismo centrado en los seres humanos. El «dominen» que se pronuncia en el Génesis no tiene nada que ver con dominación y no debiera ser interpretado como un permiso a los seres humanos para tomar ventaja del mundo que Dios ha creado; sino lo contrario. Lo que les confía Dios a Adán y Eva tendría que ser mejor explicado a través del término «administración». Tienen que cuidar la creación y, si puedo expresarlo así, tienen que ser los portavoces de ella, reconociendo su orden con sus mentes iluminadas y dando expresión a su belleza con sus lenguas bien adiestradas. Su responsabilidad no está mejor representada en ningún lugar que en el relato del Génesis en el que Adán da nombre a todos los animales —esto es, designando conscientemente el orden e interrelación del mundo creado. Los seres humanos fueron destinados a ser el medio por el cual toda la tierra daría alabanza a Dios, devolviendo con amor lo que Dios les había dado con amor, reuniendo a todas las cosas en un gran acto de adoración. Esta es la razón por la que no es casual que Adán sea representado en la tradición de la interpretación rabínica como un sacerdote, aquel que alcanza la unión entre Dios y la creación. Mientras camina junto a Yahweh en agradable amistad bajo el fresco del atardecer, Adán es la humanidad —y por extensión, la totalidad del cosmos— que está destinada a ser, apresada en un círculo de gracia, la respuesta de amor de la criatura al amor divino.

Ahora bien, ¿podría haber un símbolo mayor de toda esta teología de la creación que la comida sagrada, el banquete en el cual el Creador comparte su vida con sus agradecidas creaturas? En efecto, el Génesis nos cuenta que Dios colocó a Adán y Eva en el medio de un jardín de deleites terrenales y les dio permiso para comer de todos los árboles del jardín, excepto uno (Gn 2, 15-17). Los instruyó, en resumen, para participar en su vida a través del gozo de comer y beber. La autonomía y holgura en el Jardín del Edén son evocativas del deseo de Dios de que sus creaturas florezcan lo máximo posible. El Padre de la Iglesia Ireneo de Lyon puntualizó que «la gloria de Dios es un ser humano plenamente vivo».

Pero, ¿por qué la prohibición entonces? ¿Por qué está prohibido para ellos el árbol del conocimiento del bien y del mal? La determinación fundamental del bien y del mal permanece, necesariamente, como prerrogativa únicamente de Dios, ya que Dios es, en sí mismo, el bien supremo. Incautar este conocimiento, por lo tanto, es reclamar la divinidad para uno mismo —y esto es lo único que una creatura nunca puede hacer y por consiguiente nunca debería intentar. Hacer eso es colocarse en una con-tradicción metafísica, interrumpiendo en consecuencia el círculo de la gracia y estropeando el *sacrum convivium* (el banquete sagrado). En efecto, si nos volvemos Dios, se pierde el vínculo que tiene que conectarnos, a través de

Dios, con el resto de la creación, y nos encontramos solos. Esto es, en la lectura bíblica, precisamente lo que sucede. Seducidos por la sugerencia de la serpiente de que Dios está secretamente celoso de sus creaturas humanas, Eva y Adán comieron del fruto del árbol del conocimiento del bien y del mal. Se apoderaron de la devoción de que no serían dominados por Dios, y se encontraron, como consecuencia, expulsados del sitio de felicidad. Más aún, como deja en evidencia la conversación entre Dios y sus creaturas pecadoras, este pecado «original» conllevó a que, la conexión entre Adán y Eva, y entre la humanidad y el resto de la creación, esté fatalmente comprometida. «El hombre respondió: "La mujer que pusiste a mi lado me dio el fruto y yo comí de él" . . . La mujer respondió: "La serpiente me sedujo y comí"» (Gn 3, 12-13).

Esta compleja narrativa simbólica tiene por objeto explicar la naturaleza del pecado tal como se reproduce a lo largo de los tiempos e incluso ahora. Dios quiere que comamos y bebamos en comunión con él y nuestras hermanas creaturas, pero nuestro propio temor y soberbia terminan la fiesta. Dios nos quiere reunidos alrededor de él en gratitud y amor, pero nuestra resistencia acaba en dispersión, aislamiento, violencia y recriminación. Dios quiere la comida sagrada; nosotros queremos comer solos y en nuestros propios términos.

Pero el Dios de la Biblia es incansable en su amor. No descansará hasta que se rectifique la situación. Toda la historia de las escrituras, aunque está contenida en una amplia variedad de textos escritos en épocas diferentes para diferentes propósitos, puede verse como una narrativa coherente del intento de Dios de restaurar la creación caída, para restablecer el gozo del banquete. En el lenguaje del académico bíblico N. T. Wright, gran parte de la Biblia es el relato de la «operación de rescate» de Dios para su creación triste y comprometida. La elección de Abram, el Éxodo de los hijos de Israel de Egipto, el otorgamiento de la Ley en el Sinaí, las victorias de David y Salomón, el envío de los profetas, el establecimiento del templo —son todos momentos en la historia de la liberación. Y en la lectura Cristiana, la operación de rescate culmina en Jesús, quien recapitula, resume, la historia sagrada que lo precedió. Él es aquel a quien miró Abram; él es la libertad definitiva de la esclavitud del pecado; es la encarnación de la nueva Ley; es el auténtico sucesor de David y Salomón; es el narrador definitivo de la verdad divina; su cuerpo es el nuevo Templo. Esta saga completa es la historia del deseo de Dios de caminar una vez más amistosamente con Adán, sentarse una vez más con toda su creación en un gran banquete festivo.

Miremos un poquito más de cerca dos representaciones de la comida sagrada en el Antiguo Testamento. En el centro mismo de la historia judía de la salvación está el evento del Éxodo y la Pascua. Los hijos de Israel, que habían deambulado en Egipto durante la época del patriarca José, se convierten, luego de muchos siglos, en esclavos de los egipcios, forzados a construir ciudades fortificadas y monumentos para el faraón. El Padre de la Iglesia Orígenes proveyó una lectura simbólica de esta narrativa, de acuerdo con la cual los Israelitas representan todos los poderes espirituales y físicos que Dios ha dado a su pueblo, y el faraón (y sus subalternos) representan el pecado y la adoración de los falsos dioses. El pecado, nos cuenta la historia, ha esclavizado a la raza humana, empujando lo que es mejor en nosotros a su servicio, utilizando la mente, la voluntad, la imaginación, el coraje y la creatividad de un modo distorsionado. Esta distorsión, a su vez, nos ha enfrentado entre nosotros, dando pie a la guerra de todos contra todos. Es desde este estado de disolución y falsa alabanza que Dios anhela liberar a los israelitas, y entonces batalla contra el faraón y sus cómplices. Las plagas que envía Dios no deberían interpretarse como castigos arbitrarios sino como el medio por el cual Dios se involucra en la batalla espiritual en nuestro nombre. La plaga final, de acuerdo a la narrativa, es la matanza de los primogénitos a lo largo de todo Egipto. Para proteger a los hijos de Israel del desastre, Dios los instruye de embadurnar sus dinteles con la sangre de un cordero faenado para que cuando llegue el ángel de la muerte, vea la sangre y pase por alto los hogares de los israelitas. De allí, la fiesta de Pésaj o la «Pascua», uno de los eventos más sagrados del calendario hebreo.

En la siguiente sección de este libro, regresaré a ese cordero sacrificado y su sangre, pero por ahora, quiero centrarme en la comida que acompañó la Pascua. En el capítulo doce del libro del Éxodo, escuchamos que Dios, luego de anunciar lo que hará con los primogénitos de los egipcios, le dijo a Moisés que instruyera a la nación de Israel entera para celebrar la comida ritual. En cada casa tenían que conseguir un cordero joven, inmaculado y faenarlo en el atardecer. Luego tenían que comer su carne asada, junto con hierbas amargas (recordándoles la amargura de su esclavitud) y pan sin levar (porque estarían en fuga y no podrían esperar para que el pan leve). Esta comida Pascual sagrada involucrando a toda la nación debe convertirse, Dios lo ordena, en «un día memorable y deberán solemnizarlo con una fiesta en honor del Señor. Lo celebrarán a lo largo de las generaciones como una institución perpetua» (Ex 12, 14).

La palabra inglesa «sin», pecado, deriva del alemán *Sünde*, que tiene el sentido de «división». El pariente más cercano en inglés de *Sünde* sería «sunder», desgajar. El pecado divide y nos dispersa, ya que, tal como vimos, supone una amputación de nuestra relación con el Dios Creador a través de quien únicamente encontramos nuestra unidad. Mientras conducía a los israelitas para librarse de la esclavitud (esto es, la servidumbre del pecado), Dios estableció una comida que unificó a todo el pueblo, reuniéndolos, en sus hogares, alrededor de una mesa común y una comida común. Y declaró que ese acto de unidad debe ser repetido a lo largo de los tiempos como el gesto que define a la nación israelita. La comida Pascual, en una palabra, fue una recuperación (aunque imperfecta) de la agradable unidad y amistad del Jardín del Edén, Dios ofreciendo un banquete en el cual sus creaturas humanas comparten la vida con él y con los demás. Aunque este tema es un poquito silenciado en la historia del Éxodo, Dios tenía la intención de que el Israel unificado fuera un catalizador para la unificación del mundo. Debemos recordar que la operación de rescate está dirigida a los descendientes de Adán y Eva —lo que equivale a decir, a la raza humana entera. Dios no escoge a Israel por sus méritos especiales ni por una ventaja particular, sino como un vehículo para transportar su salvación a las naciones. Estas familias esclavas, congregadas en esperanza y amistad alrededor de una comida de un cordero asado, hierbas amargas y pan sin levar, eran, en la interpretación bíblica, las semillas de las cuales crecería la familia de Dios.

La segunda instancia con simbolismo de comida en el Antiguo Testamento que me gustaría examinar se encuentra en el libro del Profeta Isaías. Isaías es uno de los poetas más grandes en la tradición de las escrituras, y una de sus imágenes maestras, que se presenta a través de sus escritos, es la montaña santa. En el segundo capítulo de Isaías, encontramos esta visión espléndida: «Sucederá al fin de los tiempos que la montaña de la Casa del Señor será afianzada sobre la cumbre de las montañas y se elevará por encima de las colinas. Todas las naciones afluirán hacia ella y acudirán pueblos numerosos, que dirán; ¡Vengan, subamos a la montaña del Señor!» (Is 2, 2-3). La montaña de la casa del Señor es Sion, donde está situado el templo, el lugar de la alabanza correcta. Lo que sueña aquí Isaías es, por tanto, la reunión de todas las tribus dispersas de Israel, ciertamente del mundo, alrededor de la alabanza del verdadero Dios. La división que comenzó con la idolatría en el Jardín del Edén («serán como dioses, conocedores del bien y del mal» [Gn 3, 5]) es curada por medio de un reconocimiento agradecido de la primacía de Dios. La marca distintiva de esta alabanza correctamente ordenada es la paz: «Porque de Sion saldrá la Ley y de Jerusalén, la palabra del Señor. Él será juez entre las naciones y árbitro de pueblos numerosos. Con sus espadas forjarán arados y podaderas con sus lanzas» (Is 2, 3-4). Habiendo encontrado la amistad con Dios, insinúa Isaías, los seres humanos redescubrirán la amistad con los demás, y no sentirán más la necesidad de prepararse para la guerra. La implicancia cósmica de esta reconciliación se vuelve evidente en el capítulo once de Isaías, donde el profeta sueña con la época del Mesías. «El lobo habitará con el cordero y el leopardo se recostará junto al cabrito . . . La vaca y la osa vivirán en compañía, sus crías se recostarán juntas . . . El niño de pecho jugará sobre el agujero de la cobra, y en la cueva de la víbora, meterá la mano el niño apenas destetado. No se hará daño ni estragos en toda mi Montaña santa» (Is 11, 6-9). Vimos que el pecado original provocó el desmoronamiento de toda la creación de Dios, estableciéndose una enemistad entre la humanidad y la naturaleza. Aquí, en la montaña santa, el lugar de la alabanza correcta, todo es reconciliado y reintegrado.

Pero hay una tercera característica culminante de la montaña santa que Isaías enfatiza especialmente. La montaña es el lugar de la alabanza correcta y de la paz cósmica, pero es también el sitio de una comida magnífica. En el capítulo veinticinco, encontramos esto: «El Señor de los ejércitos ofrecerá a todos los pueblos sobre esta montaña un banquete de manjares suculentos, un banquete de vinos añejados, de manjares suculentos, medulosos, de vinos añejados, decantados» (Is 25, 6). En la visión de Isaías, la comunidad reunida es alimentada con las comidas de mayor calidad por un Dios amable, rememorando la situación del Jardín del Edén antes que el comer y beber fuera interrumpido al intentar sujetar a la divinidad. El profeta visualiza a todas las naciones del mundo, viviendo pacíficamente e inspiradas en la alabanza correcta, capaces de compartir la vida con Dios y con los demás, recibiendo y dando gracia.

LA COMIDA SAGRADA EN LA VIDA Y MINISTERIO DE JESÚS

Para los Cristianos, lo más importante para tener en cuenta sobre Jesús es que no es simplemente uno más en una larga lista de profetas y maestros. No es meramente como Isaías, Jeremías, Moisés o David, un hombre bueno que representa a Dios. En cambio, él habla y actúa incesantemente en la persona misma de Dios. En palabras de N. T. Wright, Jesús es como un retrato de Yahweh, con toda su riqueza y complejidad, que cobró vida. Cuando afirma poseer autoridad interpretativa sobre la Torá, cuando perdona los pecados del hombre paralítico, cuando llama a sus discípulos a amarlo más que a sus madres y padres, incluso más que a sus propias vidas, cuando purifica el templo, Jesús dice y hace cosas que sólo Yahweh podría legítimamente decir o hacer. En sus credos y dogmas posteriores, la Iglesia expresó esta convicción bíblica, refiriéndose a Jesús como la Encarnación de la Palabra de Dios, como «Dios de Dios, Luz de Luz, Dios verdadero de Dios verdadero». Ahora bien, hemos estado sosteniendo que uno de los deseos principales de Yahweh era restablecer la comida sagrada, restaurar la hermandad y fraternidad perdidas por el pecado. Por tanto, no debería sorprender que Jesús hiciera que la comida sagrada fuera central en su obra mesiánica. Durante su ministerio público, Jesús congregó gente alrededor de una mesa de fraternidad. En la Palestina de su tiempo, la mesa era un lugar donde las divisiones y estratificaciones de la sociedad se exhibían particularmente, pero a la mesa de Jesús, todos eran bienvenidos: santos y pecadores, los justos y los injustos, los sanos y los enfermos, hombres y mujeres. Esta mesa abierta de amistad no era simplemente un desafío al statu quo de la sociedad, sino también una expresión de las más hondas intenciones de Dios en relación a la raza humana, la realización del sueño escatológico de Isaías. De hecho, muy a menudo, las enseñanzas más profundas de Jesús tuvieron lugar en la mesa, rememorando la montaña santa de Isaías, donde una comida festiva sería ofrecida y de donde saldría «instrucción».

Examinemos unas pocas instancias de esta comida de fraternidad en el Nuevo Testamento, comenzando en un lugar tal vez sorprendente: la historia de Navidad. El relato del Nacimiento de Jesús en el Evangelio de Lucas no es, como nos lo recuerda Raymond E. Brown, un cuento inocente que les relatamos a los niños. Antes bien, se bosqueja allí todo el drama y originalidad de la historia de Jesús. Tenemos que notar el contraste entre el personaje mencionado en el inicio de la narrativa —César Augusto— y el protagonista que es el centro de la historia. César habría sido la persona mejor alimentada del mundo antiguo, capaz de chasquear sus dedos para tener todos sus deseos sensuales satisfechos. Pero el verdadero rey, el verdadero emperador del mundo, nace en una cueva en las afueras de un pueblo perdido en el margen de los dominios del César. Muy débil, incluso para levantar su cabeza, está envuelto en pañales y yace «en un pesebre», el lugar donde comen los animales (Lc 2, 7). Lo que está señalando aquí Lucas es que Jesús ha venido a ser alimento para un mundo hambriento. Mientras el César —al modo de Adán y Eva— existieron para ser alimentados, Jesús existió para ser alimento. Estuvo destinado a ser, no sólo el anfitrión del banquete sagrado, sino la comida misma. Y al pesebre de Cristo vienen los pastores (evocativo de los pobres y los marginados, las ovejas perdidas de la casa de Israel) y reyes (evocativo de las naciones del mundo), atraídos allí como si fuera por un imán. Así comenzó la realización de la visión de Isaías. Una historia que puede encontrarse en los tres Evangelios sinópticos es aquella de la conversión de Leví (o Mateo) el recaudador de impuestos. Escuchamos que mientras Jesús iba pasando, divisó a Mateo en su puesto de recaudador de impuestos. Ser un recaudador de impuestos en tiempos de Jesús —un judío que colaboraba con el poder ocupante romano para oprimir al propio pueblo— resultaba ser un personaje despreciable, alguien comparable con un colaboracionista francés durante el período Nazi. Jesús miró fijamente a este hombre y le dijo, simplemente, «Sígueme» (Mt 9, 9). ¿Jesús invitó a Mateo porque el recaudador de impuestos lo merecía? ¿Estaba Jesús respondiendo acaso a un pedido de Mateo o a cierto anhelo oculto en el corazón del pecador? Seguramente no. La gracia, por definición, viene espontánea y sin explicación. En la magnífica pintura de Caravaggio de esta escena, Mateo, vestido anacrónicamente con galas del siglo XVI, responde al llamado de Jesús señalándose con expresión perpleja, como si dijera, «¿Yo? ¿Me quieres a mí?» La mano de Cristo en la pintura de Caravaggio está adaptada de la mano de Adán en la representación de Miguel Ángel de la creación del hombre en el techo de la Capilla Sixtina. Tal como la creación es *ex nihilo* (de la nada), la conversión es entonces una nueva creación, un rehacer amable de una persona desde el no ser de su pecado. Mateo, se cuenta, se levantó inmediatamente y siguió al Señor. Pero, ¿adónde lo siguió? ¡A un banquete! «Mientras Jesús estaba comiendo en la casa» es la primera cosa que leemos a continuación de la declaración de que Mateo lo siguió (Mt 9, 10). Antes de llamar a Mateo para hacer algo, antes de enviarlo en misión, Jesús invita a Mateo a reclinarse en agradable amistad alrededor de una mesa festiva. Erasmo Leiva-Merikakis comenta, «El significado más profundo del discipulado Cristiano no es trabajar para Jesús, sino estar con Jesús». El antiguo recaudador de impuestos escucha a la Palabra, ríe con él, parte el pan con él, y en esto encuentra su auténtica identidad. Adán era amigo de Yahweh antes de convertirse, por su propio miedo y soberbia, en enemigo de Yahweh. Jesús ahora, Yahweh hecho carne, busca reestablecer esta amistad perdida con los descendientes de Adán.

El Evangelio nos dice luego que muchos otros pecadores y recaudadores de impuestos, inspirados, presumimos, por el ejemplo de Mateo, «se sentaron a comer con él [Jesús] y sus discípulos» (Mt 9, 10). Este es sólo un ejemplo de cómo Jesús encarna la visión de Isaías de todas las naciones del mundo fluyendo a la unidad alrededor del monte Sion. Cristo mismo es la reunión de la divinidad y la humanidad, y por tanto, él es el templo, el lugar de la alabanza correcta. Y es así que, alrededor de él se congregarán todas las naciones para ser alimentadas con «manjares suculentos, medulosos» y «vinos añejados» (Is 25, 6). La misma gracia que llamó a Mateo, a través de Mateo, llama al resto, y se conforma una comunidad de pecadores convertidos en comensales. Naturalmente, esta unidad suscita el resentimiento de los Fariseos, quienes preguntan a los discípulos, «¿Por qué su Maestro come con publicanos y pecadores?» (Mt 9, 11). En nuestra disfunción, habiendo perdido contacto con el Dios a través del cual todos son uno, tendemos a ordenarnos de modos exclusivos y autoritarios, determinando los que están dentro, precisamente en contraste con los que están fuera. Pero esta es la clase de comunidad hipócrita, autodestructiva que Jesús ha venido a interrumpir. Y entonces él responde a esta crítica: «No son los sanos los que tienen necesidad del médico, sino los enfermos . . . Porque yo no he venido a llamar a los justos, sino a los pecadores» (Mt 9, 12-13).

Aquí encontramos un tema que será desarrollado a lo largo de la tradición —el cual es, la comida sagrada como medicina para el alma enferma de pecado. A la luz de las observaciones de Jesús, podemos ver que la inclusión de los pecadores está en el corazón y razón de ser de la comida que él ofrece.

El milagro de la alimentación de miles con unas pocas hogazas de pan y unos peces debe haber obsesionado la imaginación de las primeras comunidades Cristianas ya que pueden encontrarse relatos de él en los cuatro

Evangelios. Estas narrativas son presentaciones profusamente icónicas del gran tema de la comida sagrada que hemos estado desarrollando. En la versión de Lucas, las multitudes comenzaron a reunirse alrededor de Jesús cuando escucharon que se había retirado a Betsaida. Movido por la compasión, Jesús les enseñó y curó a sus enfermos, pero mientras el día llegaba a su fin, los discípulos se preocuparon de qué comería esta enorme multitud. «Se acercaron los doce y le dijeron: "Despide a la multitud, para que vayan a los pueblos y caseríos de los alrededores en busca de albergue y alimento, porque estamos en un lugar desierto"». Los Doce, símbolo de las tribus de Israel reunidas, actúan aquí en contradicción con su identidad mas profunda, porque quieren dispersar a aquellos a los que Jesús ha atraído magnéticamente hacia sí. Jesús entonces los desafía: «Denles de comer ustedes mismos». Pero ellos protestan: «No tenemos más que cinco panes y dos pescados, a no ser que vayamos nosotros a comprar alimentos para toda esta gente» (Lc 9, 13). Ajeno a su queja, Jesús los instruye para que reúnan a la multitud en grupos de cincuenta. Luego, tomando los panes y los peces, pronuncia una bendición sobre ellos, los parte, y se los da a los discípulos para que los distribuyan. Todos en la multitud de cinco mil comen hasta que estuvieron satisfechos.

No hay mejor ejemplificación en las Escrituras de lo que he estado llamando el círculo de la gracia. Dios ofrece, como pura gracia, el regalo de la existencia, pero si intentamos aferrarnos a ese don y hacerlo nuestra propiedad (a la manera de Eva y Adán), lo perdemos. El mandamiento constante de la Biblia es este: lo que has recibido como un don, dalo como un don —y encontrarás el don original multiplicado y mejorado. No es posible apropiarse de la gracia de Dios, precisamente porque es *gracia*; sino más bien, se tiene en la medida en que permanece como gracia —esto es, un don entregado. La vida de Dios, en una palabra, se tiene sólo sobre la marcha. Uno se da cuenta de esta verdad cuando ingresa voluntariamente en el círculo de la gracia, dando aquello que está recibiendo. La gente hambrienta que se congrega alrededor de Jesús en esta escena simboliza el hambre de la raza humana, famélica desde el tiempo de Adán y Eva, por lo que la satisfará. En imitación de nuestros primeros padres, hemos intentado llenar nuestro vacío con riqueza, placer, poder, honor, el puro amor por la dominación, pero nada de eso funciona, precisamente porque todos hemos sido programados para Dios y Dios *es* sólo amor. Solamente cuando nos amoldamos al modo del amor, sólo cuando, en una elevada paradoja, nos ingeniamos para vaciar nuestro ego, es que somos llenados. Así, los cinco panes y los dos pescados simbolizan aquello que se nos ha dado, todo lo que hemos recibido como una gracia de Dios. Si nos apropiamos de ello, lo perdemos. Pero si se lo entregamos a Cristo, lo hallaremos transfigurado y multiplicado, incluso hasta la alimentación del mundo. En el inicio de la historia, los discípulos rechazaron servir a la multitud, prefiriendo despedirlos hacia los pueblos vecinos para que se las arreglaran por su cuenta. En el clímax de la narración, los discípulos se convierten en instrumentos para dar de comer, colocando frente a la gente los panes y pescados. Dentro del ciclo de la gracia, descubrieron su misión y fueron ellos mismos mejorados, transfigurados. El pequeño detalle al final de la historia —que las sobras llenaron doce canastas— tiene una alusión escatológica. Estamos llamados a pensar, una vez más, en la montaña santa de Isaías a la cual las doce tribus de Israel y, a través de ellas, todas las tribus del mundo serían atraídas.

Todos estos temas son resumidos, agrupados, recapitulados (si pudiera usar el lenguaje de San Ireneo) en la comida que Jesús ofreció la noche antes de su muerte. Lucas nos dice que, en el momento cúlmine de su vida y su ministerio, «Jesús se sentó a la mesa con los Apóstoles» (Lc 22, 14). En esta Última Cena, Jesús, de un modo prominente, encarnó el deseo de Yahweh de sentarse en una confortable intimidad con su gente, compartiendo su vida con ellos. Les dijo, «He deseado ardientemente comer esta Pascua con ustedes antes de mi Pasión» (Lc 22, 15). Como vimos, Yahweh estableció la comida Pascual como un signo de su alianza con su pueblo santo de Israel. Por consiguiente, Jesús, Yahweh hecho carne, reunió a su comunidad alrededor de la mesa Pascual. Todos los motivos Pascuales conocidos de liberación, redención, unidad y festividad entran aquí en juego, pero son redefinidos y reconfigurados en relación con Jesús. La visión de Isaías de la suntuosa comida en la montaña santa de Dios es descrita como «escatológica», implicando que tiene que ver con el deseo más profundo y definitivo de Dios por el mundo que ha creado. En el comienzo de la Última Cena, al sentirse cómodo con sus discípulos, Jesús evocó explícitamente esta dimensión escatológica: «porque les aseguro que ya no la comeré más hasta que llegue a su pleno cumplimiento en el Reino de Dios» (Lc 22, 16). Y cuando tomó la primera copa de vino Pascual, reiteró el tema: «Porque les aseguro que desde ahora no beberé más del fruto de la vid hasta que llegue el Reino de Dios» (Lc 22, 18). Es muy importante recordar que esta cena tuvo lugar en la noche anterior a la muerte de Jesús —esto es, en el momento en que estaba resumiendo su vida y preparándose para su propia Pascua hacia el reino del Padre. Por eso, insistir en que no comerá ni beberá nuevamente hasta que llegue el reino equivale a explicar que esta comida tiene una significancia simbólica definitiva e insuperable, que son sus últimas palabras pronunciadas, como si fuera, a la sombra de la eternidad y por ende con aroma a orden divino. La habitación de la Última Cena *es* la montaña santa de Isaías, y la comida que ofrece Jesús *es* la cena de manjares suculentos y vinos añejados. Es como si el futuro largamente anhelado hubiera aparecido incluso ahora. ¿Qué se produjo en el corazón de ese acontecimiento? Jesús tomó el pan ácimo de la Pascua, el pan que simbolizaba la salida precipitada de Israel de la esclavitud a la libertad, lo bendijo de acuerdo con la plegaria de bendición tradicional de la Pascua, lo partió y lo distribuyó a sus discípulos diciendo, «Esto es mi Cuerpo, que se entrega por ustedes. Hagan esto en memoria mía» (Lc 22, 19). Y luego, después que lo hubieron comido, tomó la copa de vino —tradicionalmente llamada la copa de bendición— y dijo, «Esta copa es la Nueva Alianza sellada con mi Sangre» (Lc 22, 20). Actuando una vez más en la persona misma de Yahweh, Jesús alimentó a sus amigos con su misma esencia, alcanzando el tipo de coinherencia más profunda *entre* ellos por causa de la radicalidad de su propia coinherencia *con* ellos. Decir «cuerpo» y «sangre», en el contexto no dualista del judaísmo del primer siglo, es decir el «yo», y así Jesús estaba invitando a sus discípulos a alimentarse de él y por lo tanto, fusionar su vida en la de ellos, amoldarlos a él del modo más íntimo y completo posible. Nunca debemos alejar de nuestra atención el relato de la caída cuando consideramos estos acontecimientos. Si nuestro problema comenzó con una comida equivocada (asiendo la divinidad en nuestros propios términos), entonces nuestra salvación comienza con una comida correctamente delineada (Dios ofreciéndonos su vida como un don gratuito). Lo que se prefiguró cuando María recostó al Cristo niño en el pesebre llegó, en esta comida, a la plena expresión.

Es de gran relevancia que, inmediatamente después de este acontecimiento extraordinario —esta constitución de la Iglesia alrededor de Dios donándose a sí mismo— Jesús hable de traición: «La mano del traidor está sobre la mesa, junto a mí» (Lc 22, 21). En la interpretación bíblica, el deseo de Dios ha hallado, desde el comienzo, oposición. Consistentemente, los seres humanos han preferido el aislarse y separarse del pecado a la celebración de la comida sagrada. Los teólogos han llamado a esta tendencia anómala el *mysterium iniquitatis* (el misterio del mal), porque no existe una base racional para ello, no hay razón del por qué debería existir. Pero allí está obstinadamente, siempre vigilando el bien, parasitando a aquel al que intenta destruir. Por lo tanto, no debería sorprendernos que, cuando la comida sagrada llega a su expresión más intensa posible, el mal la acompaña. Judas el traidor expresa el *mysterium iniquitatis* con un poder simbólico particular, porque ha pasado años en intimidad con Jesús, asimilando los movimientos y pensamientos del Señor desde su cercanía, compartiendo la mesa de fraternidad con él, y sin embargo, él creyó conveniente entregar a Jesús a sus enemigos e interrumpir la coinherencia de la Última Cena. Aquellos de nosotros que nos reunimos a menudo alrededor de la mesa de intimidad con Cristo y sin embargo nos involucramos en las obras de la oscuridad debemos vernos reflejados en el traidor.

Lo que sigue es una escena que, si no fuera tan trágica, sería graciosa. Habiendo experimentado de primera mano el intenso acto de amor por el cual Jesús formó una nueva humanidad alrededor de comer su Cuerpo y de beber su Sangre, habiéndose dado cuenta que el significado más profundo de esta vida nueva es el amor de autosacrificio, los discípulos disputan por títulos y honores: «Y surgió una discusión sobre quién debía ser considerado como el más grande» (Lc 22, 24). En la mesa de fraternidad que practicó a lo largo de su ministerio, Jesús, como vimos, socavó los sistemas de dominio y las estratificaciones sociales que marcaban la cultura de su época. Su orden (el reino de Dios) sería caracterizado por una igualdad y reciprocidad nacida de nuestra relación compartida con el Dios Creador, «que hace salir el sol sobre malos y buenos» (Mt 5, 45). Por ello, los juegos de ambición y pretensiones de superioridad social son perjudiciales a la comunidad que encuentra su punto de orientación alrededor de la mesa del Cuerpo y Sangre de Jesús. Y por esta razón Jesús contestó tan rápida e inequívocamente a las preocupaciones infantiles de los discípulos: «Los reyes de las naciones dominan sobre ellas, y los que ejercen el poder sobre el pueblo se hacen llamar bienhechores. Pero entre ustedes no debe ser así. Al contrario, el que es más grande, que se comporte como el menor, y el que gobierna, como un servidor» (Lc 22, 25-26).

Si, como dijo Feuerbach, somos lo que comemos, entonces aquellos que comen la Carne de Jesús y beben su Sangre deben constituir una nueva sociedad, basada en el amor, el servicio, la no violencia y la no dominación. Recordándoles su importancia crucial como los primeros miembros de la Iglesia, Jesús les dijo, «Yo les confiero la realeza, como mi Padre me la confirió a mí, . . . Y se sentarán sobre tronos para juzgar a las doce tribus de Israel» (Lc 22, 29-30). El orden de amor que rige dentro de Dios se hizo carne en Jesús y, a través de Jesús, se concedió a la comunidad que él fundó. Esa comunidad a su vez, el nuevo Israel, sería, de acuerdo con la predicción de Isaías, el medio por el cual el mundo entero sería congregado en Dios. Aquí, la historia de la multiplicación de los panes y los peces viene a la memoria. Inicialmente, como vimos, los discípulos rechazaron su misión de ser el nuevo Israel y alimentar a la multitud, pero luego, a la luz del milagro de la gracia, se convirtieron en distribuidores de la gracia. Una dinámica muy parecida se exhibe en el relato de la Última Cena. Nunca es suficiente con comer y beber el Cuerpo y la Sangre de Jesús; uno debe convertirse en mensajero del poder que ha recibido. La comida conduce siempre a la misión.

La Última Cena precedió y anticipó simbólicamente los terribles acontecimientos del día siguiente, cuando el cuerpo de Jesús sería entregado y su sangre derramada. En la siguiente sección de este libro, hablaré mucho más de esta dimensión sacrificial de la cena, pero por ahora me gustaría centrarme en lo que siguió a la Muerte de Jesús. Si Jesús hubiera muerto y simplemente hubiera permanecido en su tumba, sería recordado (si al menos fuera recordado) como un idealista noble, que fue trágicamente aplastado por las fuerzas de la historia. Tal vez algunos pocos de sus discípulos hubieran continuado su programa por un tiempo, pero eventualmente el movimiento de Jesús, como muchos otros similares, se hubiera quedado sin gasolina. N. T. Wright, haciéndose eco de la opinión de los Padres de la Iglesia, sostuvo que el hecho más extraordinario de la primera Cristiandad es la permanencia de la Iglesia Cristiana como un movimiento mesiánico. No podría haber habido, en el primer siglo, un signo más seguro de que alguien *no* era el Mesías que su muerte a manos de los enemigos de Israel, porque una de las señales centrales de mesianismo era precisamente la victoria por sobre esos enemigos. Que Pedro, Santiago, Juan, Pablo, Tomás y el resto anunciaran a lo largo y ancho del mundo mediterráneo que Jesús era de hecho el largamente esperado Mesías israelita y que pudieran ir a sus muertes defendiendo esta afirmación, son las indicaciones más seguras de que algo monumentalmente importante le sucedió a Jesús luego de su muerte. Ese algo fue la Resurrección. Aunque muchísimos teólogos modernos han intentado justificar la Resurrección como una fantasía de un sueño incumplido, un símbolo difuso o una invención literaria, los escritores del Nuevo Testamento no podrían ser más claros: el Jesús crucificado, que había muerto y había sido sepultado, se apareció vivo de nuevo a sus discípulos.

El Cristo resucitado fue —como lo atestiguan todos los reportes— extraño. Por un lado, él era el mismo Jesús con el que habían comido y bebido y a quien habían escuchado, pero, por otro lado, él era diferente, de hecho tan cambiado que con frecuencia no lo conocían inmediatamente o no lo reconocían. Es como si se hubiera parado en el límite entre dos mundos, existiendo aún en esta dimensión de espacio y tiempo, pero también trascendiéndolo, participando de un mundo más elevado, mejor. A través de ciertas pistas en el Antiguo Testamento, algunos judíos del siglo I habían comenzado a cultivar la convicción de que al final de los tiempos Dios traería a los justos que habían muerto de regreso a la vida y los restauraría a una tierra transfigurada. En el Jesús resucitado, los primeros Cristianos vieron esta esperanza realizada. En el idioma de Pablo, Cristo fue «el primero de todos» de aquellos que habían quedado dormidos —esto es, la instancia inicial de la resurrección general de los muertos. En él, vieron el amanecer de la restauración prometida. Y de ese modo comenzaron a ver que el banquete sagrado no fue simplemente una expresión de pleno florecimiento en su mundo, no se trató simplemente de justicia, paz y no violencia aquí abajo, sino también del anticipo de un mundo elevado, transfigurado y perfeccionado donde la voluntad de Dios sería realizada completamente y su reino vendría completamente.

Una de las evocaciones más preciosas de esta comida celestial se encuentra en el capítulo veintiuno del Evangelio de Juan. El autor del Evangelio de Juan fue un genio literario, y su obra está marcada por simbolismos sutiles e intrincados. Por ello, debemos proceder cuidadosamente al revisar esta historia. Nos cuenta que el Cristo resucitado se apareció a sus discípulos en el Mar de Tiberíades en Galilea. A lo largo de los Evangelios, la hermosa Galilea, el país natal de Jesús, simboliza la tierra de la resurrección y la nueva vida. Luego de los acontecimientos Pascuales en Jerusalén, los discípulos de Jesús han regresado allí y han retomado, parece, su antiguo modo de vida, ya que Juan nos cuenta que siete de ellos, bajo el liderazgo de Pedro, habían partido en un bote a pescar. Pero debemos prestar atención a la profundidad mística de la narrativa. Cuando se les apareció luego de su Resurrección, Jesús, de acuerdo al relato de Juan, sopló sobre estos discípulos y les dijo, «Reciban al Espíritu Santo» y «Como el Padre me envió a mí, yo también los envío a ustedes» (Jn 20, 21-22). Por lo tanto, deberíamos entender esta expedición de pesca como un símbolo de la Iglesia (la barca de Pedro), a través del espacio y tiempo, como su tarea apostólica de buscar almas. Al amanecer, divisaron una figura misteriosa en la orilla distante, que les gritaba, «Muchachos, ¿tienen algo para comer?» (Jn 21, 5). Cuando contestaron negativamente, los instruyó para que lanzaran las redes a la derecha de la barca. Al hacerlo, obtuvieron una gran captura de peces. La vida y el trabajo de la Iglesia, parece decirnos Juan, serán una batalla larga, incierta, un trabajo duro que a menudo parecerá dar poco fruto. Pero luego de la larga noche, irrumpirá el amanecer de una nueva vida y un nuevo orden, el mundo transfigurado que inauguró Jesús. La captura de peces que él hace posible es la totalidad de la gente que Cristo congregará en sí mismo, es el nuevo Israel, la Iglesia escatológica. Sabemos esto a través de un sutil simbolismo. Cuando los peces son arrastrados a la orilla, Juan se molesta en contarnos su número exacto, ciento cincuenta y tres, una cifra que se consideraba comúnmente en el mundo antiguo como el número total de especies de peces en el mar.

Luego de la pesca milagrosa, «el discípulo que Jesús amaba», tradicionalmente identificado como el autor del Evangelio, exclamó, «¡Es el Señor!» (Jn 21, 7). San Juan, aquél que se recostó en el pecho del Señor durante la Última Cena y que tenía el sentido más intuitivo de los designios de Jesús, representa aquí la dimensión mística de la Iglesia. A lo largo de los siglos, ha habido poetas, predicadores, maestros, liturgistas, místicos y santos que tuvieron un instinto sobre quién es Jesús y lo que desea. Son aquellos que, típicamente, ven primero la obra del Señor, que reconocen sus propósitos incluso antes que lo haga el liderazgo de la Iglesia. El grito de Juan en esta historia anticipa sus intuiciones y descubrimientos. De lo que se están dando cuenta finalmente los místicos y poetas es del propósito escatológico de la Iglesia, la orilla hacia la cual está navegando la barca de la Iglesia. Cuando Pedro escucha que es el Señor, se ciñe la ropa. Lo que parece un detalle casual tiene una riqueza simbólica. Luego de su pecado, Eva y Adán se hicieron ropas para ellos, porque sintieron vergüenza. Entonces Pedro, que había negado tres veces a Jesús, se siente avergonzado similarmente de presentarse desnudo ante el Señor. Él representa, por tanto, en esta narrativa simbólica, a todos aquellos pecadores a lo largo de los siglos que, en su vergüenza y penitencia, buscarán el perdón de Cristo. Cuando los discípulos llegan a la orilla, ven que Jesús está haciendo algo totalmente típico en él: está ofreciendo una comida para ellos. «Vieron que había fuego preparado, un pescado sobre las brasas y pan . . . Jesús les dijo: «Vengan y desayunen»» (Jn 21, 9.12). Simbólicamente, ellos han llegado al fin del tiempo y al final de su misión terrena, y están, en el albor de una nueva era, siendo acompañados al banquete final en el cual las comidas, desde el Edén hasta la Última Cena, fueron anticipos. Discípulos, místicos, santos y pecadores perdonados son bienvenidos a ese desayuno que inaugura el modo nuevo y elevado de existencia que Dios nos ha querido dar desde el tiempo del Jardín del Edén.

LA LITURGIA EUCARÍSTICA

La historia entera que he bosquejado —la creación, la caída, la formación de Israel, la Pascua hacia la libertad, la visión de Isaías de la montaña santa, la acogedora mesa de fraternidad de Jesús, la Última Cena, y el banquete escatológico— se nos hace presente en la Misa. La liturgia Eucarística de la Iglesia resume y reexpresa la historia de la salvación, culminando en la comida por la cual Jesús nos alimenta con él mismo. Lo que me gustaría hacer en las páginas restantes es recorrer la Misa con este complejo motivo central de la comida sagrada en mente, demostrando cómo los diferentes rasgos y elementos que hemos explorado son exhibidos vívidamente en la liturgia.

Yahweh formó el pueblo de Israel como el medio por el cual toda la creación, destrozada por la caída, sería remediada. La cena Pascual fue, como vimos, la expresión simbólica de esta comunión tan deseada por Dios, la montaña de Isaías, su anticipo escatológico y las comidas de Jesús, su encarnación concreta. El acto inicial de la liturgia Eucarística tiene lugar antes que comience el propio ritual, cuando gente de todas las condiciones sociales, de variados trasfondos educativos, diferentes clases económicas, de todas las edades y ambos géneros se reúnen en un sitio para orar. En principio, no hay ningún impedimento ni obstáculo para aquellos que desean venir a Misa. Cuando estaba considerando la posibilidad de convertirse en Católica Romana, Dorothy Day comentó que lo que más la impresionó sobre la Misa fue que los ricos y los pobres se arrodillaran unos junto a otros en oración. Una comunidad que nunca existiría en el severo mundo de la Norteamérica de los años treinta existía alrededor del altar de Cristo, el deseo de Dios para el mundo, encarnándose incluso en medio del pecado. Cuando el genial historiador inglés Christopher Dawson le informó a su aristocrática madre que se estaba convirtiendo del Anglicanismo al Catolicismo, ella le objetó, no su cambio de afiliación doctrinal, sino que estaría obligado, en sus propias palabras, a «acudir a rezar con los empleados domésticos». La comunidad congregada, reuniéndose para alabar al Señor y para alimentarse de él, es ciertamente la semilla de un nuevo modo de ser, la contravención de las divisiones y los odios que surgieron a partir de la caída. Es el mundo nuevo que emerge dentro de la estructura misma del viejo.

Una vez reunida, la comunidad se pone de pie para cantar. La música Litúrgica no debe ser vista como secundaria o meramente decorativa, porque da expresión a la armonización de las multitudes. Al igual que las tribus que afluyen a la montaña santa no pierden su individualidad cuando se reúnen para alabar en conjunto, los participantes de la Misa no abandonan su carácter distintivo cuando cantan todos juntos. Sino más bien, contribuyen individualmente, a una consonancia. A continuación de la señal de la cruz y el saludo, el pueblo es invitado a reconocer su pecado y buscar la misericordia divina; dicen, «*Kyrie eleison; Christe eleison; Kyrie eleison*» (Señor, ten piedad; Cristo, ten Piedad; Señor, ten Piedad). Jesús vino, no para los sanos, sino para los enfermos. Él era Yahweh en persona llamando a regresar al hogar a las ovejas perdidas de la casa de Israel, y es por esa razón que fue tan amable en su bienvenida a Mateo y sus amigos de mala fama. Y entonces nosotros los pecadores (una vez que aceptamos que efectivamente somos pecadores) somos perdonados y bienvenidos a una intimidad agradable con Cristo en la liturgia. En la Misa del domingo y en las Misas de fiesta, a continuación del Kyrie sigue la gran oración del Gloria, que comienza con esta frase: «Gloria a Dios en el cielo, y en la tierra paz a los hombres que ama el Señor». La mayor parte de la teología que hemos estado presentando está incluida en esa afirmación. La paz se esparcirá sobre la tierra, de acuerdo con el deseo principal y más profundo de

Dios, cuando todos nos congreguemos en un acto común de alabanza. Aristóteles señaló que una amistad no perdurará mientras los amigos estén simplemente enamorados entre sí. A su tiempo, dijo él, esa relación se convertirá en egoísmo mutuo. Más bien, una amistad sobrevivirá sólo en la medida en que los dos amigos se enamoren de un tercero trascendente, con algún valor o bien mayor que esté más allá de la comprensión de cualquiera de ellos. Este principio aristotélico se aplica a nuestra relación con Dios. La clave indispensable para la paz —esto es, una amistad floreciente entre los miembros de la raza humana— es que todos nos enamoremos del Creador trascendente. Sólo cuando le demos gloria a Dios en las alturas —por sobre la nación, la familia, la cultura, la política partidaria, etc.— encontraremos, paradójicamente, unidad entre nosotros. Para poner esto más explícitamente en un lenguaje de las escrituras, sólo cuando nos sentemos juntos en la comida ofrecida y posibilitada por Dios, nos sentaremos juntos verdaderamente en paz.

Luego de la oración del Gloria, los participantes de la Misa se sientan para la proclamación de la Palabra de Dios. Ya que Cristo es, como insistió San Juan, la Palabra de Dios hecha carne, la Escritura entera —Antiguo y Nuevo Testamento— es el lenguaje de Cristo. Habiendo sido congregados por Jesús, lo escuchamos, como lo hicieron las multitudes que escucharon el Sermón de la Montaña. En el mundo antiguo, la comida, a la cual se reclinaban afablemente los amigos en una compañía agradable, era el sitio donde tenía lugar a menudo la conversación filosófica. (Piensen en el *Symposium* de Platón, un relato de una cena festiva durante la cual los participantes discurren sobre la naturaleza del amor.) Así, tal como Jesús enseñó a la gente alrededor de una mesa de conversación y alegría, nos enseña a los que nos hemos congregado en hermandad para la liturgia Eucarística.

La segunda gran sección de la Misa —la Liturgia de la Eucaristía—comienza con la presentación del ofertorio. Desde el medio de la grey, dones sencillos de pan, vino y agua son llevados delante y colocados sobre el altar. Aquí tenemos una representación simbólica bastante exacta de la multiplicación de los panes y peces. El sacerdote, que está actuando en la persona de Cristo, ve a la multitud congregada delante de él y se pregunta cómo podría alimentarlos espiritualmente. De la gente, obtiene una pequeña cantidad de alimento y bebida, la cual luego presenta al Padre: «Bendito seas, Señor, Dios del universo, por este pan, fruto de la tierra y del trabajo del hombre, que recibimos de tu generosidad y ahora te presentamos; él será para nosotros pan de vida», y luego «Bendito seas, Señor, Dios del Universo, por este vino, fruto de la vid y del trabajo del hombre, que recibimos de tu generosidad y ahora te presentamos: él será para nosotros bebida de salvación». Debido a que el Dios Creador no necesita nada, es capaz de recibir estos dones y devolverlos elevados y multiplicados, transformados en el Cuerpo y Sangre de Jesús. Nuestras pequeñas ofrendas, en resumen, rompen la roca de la autosuficiencia divina y vuelven a nosotros como comida y bebida espiritual. La Misa, por ello, es la expresión más grande posible del círculo de gracia, la vida de Dios que se posee en la medida en que es dada.

En este punto, me gustaría decir unas palabras sobre la dimensión cósmica de la Misa. Como hemos visto, el pecado es interpretado, bajo la lectura bíblica, no como un simple problema personal o interpersonal, puramente una preocupación humana. En cambio, el pecado compromete la integridad de todo el orden creado. Por consiguiente, la salvación forjada a través de Israel y de Jesús, y hecha presente en la Misa, está vinculada con la sanación del mundo. Vemos esta dimensión especialmente en los dones de pan y vino presentados en el ofertorio. Hablar de pan es hablar, implícitamente, de suelo, semilla, grano y luz solar, que ha atravesado ciento cincuenta millones de kilómetros de espacio; hablar de vino es hablar, indirectamente, de vid, tierra, nutrientes, nubes de tormenta y agua de lluvia. Mencionar tierra y sol es aludir al sistema solar del cual son parte, e invocar al sistema solar es referirse a la galaxia de la cual es una porción y citar a la galaxia es vislumbrar las realidades insondables que condicionan la estructura del universo mensurable. Por lo tanto, cuando estos dones son llevados adelante, es como si la creación entera fuera colocada sobre el altar ante el Señor. En la antigua liturgia Tridentina, el sacerdote hacía la presentación mirando al este, la dirección de la salida del sol, señalando que la oración de la Iglesia no era simplemente en nombre de la gente congregada en aquel lugar sino del cosmos mismo.

A continuación, a través del poder de las palabras de la Plegaria Eucarística, los elementos del pan y el vino son transfigurados en el Cuerpo y la Sangre de Jesús, y la gente es invitada a acercarse adelante y a darse un banquete con el Señor. Esto, una vez más, es el Cristo del pesebre de

Belén, ofrecido para alimento del mundo. Los participantes en la Misa no escuchan simplemente las enseñanzas de Jesús; no recuerdan meramente su memoria y espíritu. Lo comen y lo beben, incorporándolo dentro de ellos, o mejor, incorporándose a él. Un elemento de la eclesiología Católica que los norteamericanos modernos encuentran especialmente difícil de comprender es que la Iglesia no es como una colectividad de individuos que piensa parecido, algo similar a la Asociación Abraham Lincoln o la Cámara de Comercio. De acuerdo a la imagen maestra de San Pablo, la Iglesia es un Cuerpo, un organismo vivo compuesto por células interdependientes, moléculas y órganos. Cristo Jesús es la Cabeza de este Cuerpo, y su sangre es su gracia sacramental, especialmente la gracia de la Eucaristía. Los miembros de la Iglesia, aquellos que consumen su Cuerpo y Sangre, se convierten por lo tanto en las extremidades, ojos, oídos y sentimientos del Cuerpo de Cristo, el medio por el cual su obra continúa en el mundo. Aún más, llegan a estar conectados entre sí por un lazo orgánico que drásticamente supera la cohesión incluso de la más fuerte de las sociedades de voluntarios. Tal como el estómago (si pudiera extrapolar un poquito a partir de Pablo) no podría permanecer indiferente a un cáncer que creciera en un órgano adyacente, así tampoco un miembro del Cuerpo de Cristo podría ignorar el aprieto espiritual o la necesidad física de otro. Y *todas* las personas, Tomás de Aquino enseñó, son o bien explícita o bien implícitamente miembros del Cuerpo de Cristo. La radicalidad del compromiso social Católico —una preocupación por el y todos los que sufren— procede directamente de la radicalidad de esta eclesiología distintiva.

Ahora, la Misa no concluye con la recepción de la Eucaristía; concluye en cambio con un encargo: «Pueden ir en paz». Se ha sostenido que, luego de las palabras de la consagración, esas palabras de despedida son las más sagradas en la liturgia. Debemos recordar, una vez más, que la comunidad congregada alrededor de Cristo, descendientes de los doce Apóstoles, es el nuevo Israel y que el propósito de Israel era ser el faro para las naciones, el punto magnético hacia el cual todos los pueblos serían atraídos. Por tanto, una vez que han sido saciados con el Cuerpo y Sangre del Señor, galvanizados como una nueva comunidad formada en conformidad con los propósitos de Dios, la gente debe partir a Cristificar el mundo. Del mismo modo en que Noé liberó la vida que había preservado en el arca, el sacerdote envía a la comunidad como semilla de nueva vida. Es en esta misión de alimentar al mundo hambriento que vemos el auténtico punto y propósito de la comida sagrada.

Vimos que la comida sagrada no está limitada en significado y alcance sólo a este contexto de tiempo y espacio; sino en cambio, está situada dentro de un marco propiamente escatológico. La Misa hace referencia a esta dimensión trascendente de varias maneras. En el Confiteor, la liturgia invoca al otro mundo: «Por eso ruego a Santa María siempre Virgen, a los ángeles, a los santos y a ustedes hermanos, que intercedan por mí ante Dios, Nuestro Señor», la gran oración del Gloria trae a la mente la canción de los ángeles temprano en la mañana de

Navidad: «¡Gloria a Dios en las alturas, y en la tierra, paz a los hombres amados por él!» (Lc 2, 14). Desde el inicio del rito, por lo tanto, somos situados adecuadamente en un contexto celestial que se extiende más allá del de la comunidad congregada alrededor nuestro. Estamos rezando a y con la corte celestial, compuesta por los santos humanos glorificados y las creaturas espirituales en un campo de existencia cualitativamente más elevado.

Más aún, entre el prefacio y el comienzo de la Plegaria Eucarística propiamente dicha, encontramos la peculiar oración «Santo, Santo, Santo, es el Señor Dios del Universo. Llenos están el cielo y la tierra de su gloria, hosanna en el cielo». El triple santo imita precisamente el clamor de los ángeles en la escena del capítulo sexto del libro del profeta Isaías. Mientras el profeta tenía una visión de Dios, escuchó a los cortesanos en el trono celestial invocar al Creador del universo con este triple cántico. La tradición Cristiana ha tomado, de modo bastante natural, estos tres «santos» angélicos para designar las tres personas de la Santísima Trinidad. El punto es que mientras la comunidad en alabanza ingresa en la parte más sagrada de la Misa, se vuelve consciente, una vez más, de la comunidad sobrenatural que alaba en tándem con ella.

En su tratado sobre la Eucaristía en la *Summa theologiae*, Tomás de Aquino dijo que el sacramento tiene tres nombres, cada uno correspondiendo a una de las dimensiones del tiempo. Mientras miramos al pasado, llamamos al sacramento *sacrificium* (sacrificio), por que encarna la autoinmolación de Cristo en la cruz. Diremos mucho más sobre esta característica en la siguiente sección.

Pero segundo, mientras miramos al presente, lo llamamos *communio* (comunión), ya que lleva a cabo la reunión del Cuerpo de Cristo, aquí y ahora. Finalmente, mientras miramos al futuro, lo llamamos *Eucharistia* (Eucaristía), ya que anticipa la gran acción de gracias que tendrá lugar en el cielo cuando estemos en compañía de los santos, en el banquete escatológico. Es la última característica que la liturgia enfatiza cuando invoca tan sistemáticamente a los ángeles y a los santos.

CONCLUSIÓN

Dios, en su realidad más propia, no es monolítico sino una comunión de personas. Desde toda la eternidad, el Padre se habla a sí mismo, y esta Palabra que pronuncia *es* el Hijo. Una imagen perfecta de su Padre, el Hijo comparte plenamente la realidad del Padre: unidad, omnisciencia, poder espiritual. Esto significa que, cuando el Padre contempla al Hijo, el Hijo contempla al Padre. Ya que cada uno es totalmente hermoso, el Padre se enamora del Hijo y el Hijo del Padre —y suspiran su amor mutuo. Este soplo santo (*Spiritus Sanctus*) *es* el Espíritu Santo. Estas tres «personas» son distintas, aunque no constituyen, sin embargo, tres Dioses. Son el modo en que el único Dios está constituido en la profundidad de su propio ser. Esto significa que, para la fe Cristiana, Dios *es* una familia de amor, una vida que se comparte, una inhalación y exhalación, un mirar hacia el otro. Mientras que para los filósofos antiguos la substancia era ontológicamente superior a la relación, para la teología Cristiana la relación es metafísicamente básica, porque

Dios *es* sólo amor. Toda la historia de la salvación puede ser leída como la tentativa del Dios Trinitario de atraer a la familia humana hacia una relación que imite el amor que Dios es. Cuando amamos a Dios con todo el corazón y mente, necesariamente amamos a todos a los que Dios ha amado a la existencia.

Este amor familiar se expresa en la gran imagen bíblica del banquete sagrado que hemos estado explorando a lo largo de este capítulo. La Eucaristía lo resume y lo lleva a la perfecta expresión, y por lo tanto la Eucaristía es la participación más rica en la existencia misma del Dios que es sólo amor.

CAPÍTULO 2

La Eucaristía como Sacrificio

UNA VERDAD BÍBLICA ELEMENTAL es que en un mundo que ha ido mal, no hay comunión sin sacrificio. Como este mundo se ha torcido fuera de su eje, sólo puede ser enderezado a través de un doloroso proceso de reconfiguración. Es prácticamente imposible leer dos páginas seguidas cualesquiera de la Biblia sin toparse con el lenguaje de la ira de Dios, pero no debemos interpretar esta expresión simbólica literalmente, como si Dios entrara y saliera del mal humor emocional. Esta ira divina es un símbolo teológico de la justicia de Dios —que equivale a decir, la pasión de Dios por enderezar las cosas. En su amor, Dios no puede permitir que su mundo caído permanezca en la alienación; sino que debe hacer el trabajo duro de atraerlo de regreso a la comunión. Y esto significa que Dios está involucrado continuamente en el asunto del sacrificio.

En los años posteriores al Vaticano II, la dimensión de comida de la Eucaristía fue enfatizada casi en forma exclusiva, tanto por los teólogos y por la práctica pastoral. Se le dio a la participación activa de la comunidad, reunida en el banquete del Señor, una ubicación de dignidad. Se silenció la descripción clásica de la Misa como un sacrificio, y el lugar donde el sacerdote celebraba el sacramento era referido por la mayoría como una «mesa» y no como un «altar». Este cambio de enfoque fue, sin duda, un intento de corregir un énfasis excesivo en la dimensión sacrificial de la Eucaristía antes del concilio, pero este giro pendular no ayudó a la Iglesia. Cuando los dos aspectos de la Eucaristía —comida y sacrificio— se separan, el principio bíblico que he articulado anteriormente se ve comprometido, y la Misa puede convertirse en algo de menor seriedad. No puede haber comunión sin sacrificio, y por tanto, no hay mesa Eucarística que no sea, al mismo tiempo, un altar. En esta segunda sección, me gustaría explorar la dimensión sacrificial de la Eucaristía, y tal como lo hice en la sección previa, me gustaría guiar mi análisis dentro de un amplio marco bíblico.

SACRIFICIO EN EL ANTIGUO TESTAMENTO

En el último capítulo, vimos cómo el autor del Génesis enunciaba como problema fundamental a la autodeificación, la tendencia de todos los seres humanos de aferrarse a la divinidad antes que rendirse a Dios. Este desorden espiritual condujo a una desintegración rápida de la coinherencia que Dios quería mantener en su creación. Tras la ruptura original con Dios, el hombre se enfrentó a la mujer y la mujer se enfrentó al hombre —y ambos se enfrentaron a la naturaleza, el amor se reemplazó con la sospecha y la violencia. La consecuencia, en el lenguaje poético de Yeats: «El centro no puede resistir; / Se libera sobre la tierra mera anarquía». La Biblia narra este declive moral y espiritual con su típica narrativa lacónica. Caín y Abel, los hijos de Adán y Eva, pierden su amistad y Caín asesina a su hermano despiadadamente, convirtiéndose, a partir de un detalle revelador, en el fundador de las ciudades. (¿Existe, en la literatura mundial, alguna crítica más devastadora sobre la manera en que los seres humanos tienden a organizarse?) Para la época de Noé, «grande era la maldad del hombre en la tierra y . . . todos los designios que forjaba su mente tendían constantemente al mal» (Gn 6, 5), y Dios, por consiguiente, envió una gran inundación para aniquilar la vida sobre la tierra.

A menudo en las historias bíblicas, las inundaciones son evocadoras del caos acuoso que dominaba antes que Dios llevara a cabo el orden de la creación. De ahí que sean expresivas, no del castigo arbitrario de Dios, sino del poder destructivo del pecado. Luego de Noé, la raza humana se convierte nuevamente en una familia disfuncional. El Capítulo 11 del Génesis nos cuenta que el mundo entero tenía un único idioma y que la gente se reunió por un gran proyecto de edificar una ciudad en el medio de la cual habría una torre elevándose para desafiar a los cielos (Gn 11, 1-4). Esta Torre de Babel funciona como una pulcra imagen bíblica de las tendencias agresivas, de autoengrandecimiento e imperialistas de los seres humanos una vez que han perdido contacto con Dios. Por supuesto no debemos leer estos relatos del Génesis como una historia literal, sino como narrativas simbólicas densamente matizadas que expresan, con economía admirable, las características y aspectos fundamentales del pecado: violencia, arrogancia, división, culpa, decepción, deseo de poder y homicidio.

Sin embargo, como lo vimos en el último capítulo, el Dios de la justicia no descansará. En la interpretación de las escrituras, se autoimpone la tarea de salvar a su creación comprometida, y el medio principal que escoge es la formación de un pueblo que aprendería a caminar en sus caminos y se convertiría, por lo tanto, en una luz para todas las naciones. Justo a continuación de la historia de la Torre de Babel comienza la gran narrativa referente a Abram de Ur, el padre de la nación de Israel. Lo primero que escuchamos sobre Abram es que es llamado por el Señor: «El Señor dijo a Abram: "Deja tu tierra natal y la casa de tu padre, y ve al país que yo te mostraré. Yo haré de ti una gran nación"» (Gn 12, 1-2). El problema esencial comenzó con la desobediencia, y así la solución debe comenzar con la obediencia. Eva y Adán se volvieron rebeldes; Abram debe, por lo tanto, convertirse en un sirviente. Se le dice que desarraigue su vida entera y se mude, con su familia, a una tierra lejana de la cual no sabe nada —y tiene, se nos informa, setenta y cinco años. Aferrarse a la divinidad, a la manera de nuestros primeros padres, es reclamar el señorío sobre la propia vida; rendirse a Dios es darse cuenta de que la vida de uno no es nuestra propiedad, que manda una voz más elevada y persuasiva. En todo esto, sentimos que esa amistad con Dios (una alianza con él) implicaría sacrificio, el abandono del yo, y comenzamos a ver la importancia espiritual de esta yuxtaposición, porque la promesa de Dios a Abram implica lo que he estado llamando el círculo de la gracia.

Si Abram puede idear una forma de hacer de su vida un don —si puede sacrificar en confianza lo que Dios le ha dado— entonces su ser se expandirá: «Yo haré de ti una gran nación». Cuando Abram, en la fe, parte de viaje con su familia, comienza la larga pedagogía. El resto de la narrativa bíblica, hasta e incluyendo la historia de Jesús, es el relato de la formación de Dios del clan de Abram, un pueblo conforme a su corazón, y esta educación se centrará alrededor de los temas de la alianza y el sacrificio entrelazados. En el capítulo 15 del Génesis, Abram escucha, una vez más, la promesa divina de que se convertirá en una gran nación, sus descendientes serán más numerosos que las estrellas del cielo, pero luego, con suficiente razón, se queja, «Señor, respondió Abram, ¿para qué me darás algo, si yo sigo sin tener hijos?» (Gn 15, 2). En respuesta, Dios le da una serie de órdenes peculiares: «Tráeme una ternera, una cabra y un carnero, todos ellos de tres años, y también una tórtola y un pichón de paloma» (Gn 15, 9). Luego instruye a Abram para cortar estos animales en dos y colocarlos sobre el suelo. Cuando oscureció, Abram cayó en una especie de trance, y «un horno humeante y una antorcha encendida pasaron en medio de los animales descuartizados» (Gn 15, 17). En aquel día, nos cuenta el Génesis, Dios hizo una alianza (*berit*) con Abram, diciendo, «Yo he dado esta tierra a tu descendencia» (Gn 15, 18). Me doy cuenta lo raro, incluso incomprensible, que nos puede parecer todo esto. ¿Por qué el establecimiento de una alianza entre la divinidad y la humanidad está acompañado por una ceremonia bizarra durante el ocaso, involucrando animales descuartizados?

A fin de captar el tema, debemos abandonar nuestra visión de Dios tal vez excesivamente pulcra y antiséptica, e ingresar en el mundo mucho más terrenal, más elemental de la imaginación bíblica. Los pueblos de la antigüedad —babilonios, asirios, griegos, romanos, celtas, aztecas y hebreos— están unidos en la práctica de ofrecer sacrificios a Dios o a los dioses. La idea, en sí misma, es relativamente simple, aunque era expresada mediante una amplia variedad de ceremonias y prácticas. Cierta parte de la tierra es devuelta al principio divino —ofrecida en sacrificio— con el fin de establecer comunión con el poder sagrado. En el contexto hebreo, se sacrificaban a Dios tanto granos como animales, ya sea como acción de gracias, como ofrenda por los pecados o simplemente como signo de comunión y hermandad. Pero incluso en los sacrificios más benignos, se destruía algo viviente. De acuerdo con los académicos que estudiaron las prácticas religiosas hebreas, la destrucción de granos o animales estaba destinada a señalar el ofrecimiento y desprendimiento de sí mismo del que realizaba el sacrificio. El oferente dice, en efecto, que lo que le está sucediendo a este animal —como en el caso del sacrificio Abrámico que hemos estado considerando— debería sucederme a mí si me enemistara con Dios; o, mientras la sangre de este animal es derramada, entonces simbólicamente derramo mi propia vida en devoción y agradecimiento.

Y de esta forma podemos entender la conexión entre sacrificio y alianza. Cuando Dios hace su *berit* (alianza) con Abram, está reivindicando a Abram como totalmente suyo. («Haré de ustedes mi Pueblo y yo seré su Dios» se convierte en una caracterización estable de los términos de las alianzas que Dios constituye con Israel a lo largo de los siglos.) Scott Hahn, que ha hecho un estudio cuidadoso de la alianza en la Biblia, realiza una distinción importante entre alianza y contrato. Si bien ambos tienen ciertas características en común —más particularmente la descripción de obligaciones mutuas— la diferencia notable es que un contrato determina «*qué* es mío» mientras que una alianza determina «*quién* es mío». Pero la alianza tiene que ser sellada por un sacrificio porque vivimos en un mundo que está torcido. Antes de la caída, la promesa humana de fidelidad a Dios no hubiera requerido esfuerzo, sólo pura alegría; pero luego de la caída, debe conseguirse a un costo, y mediante una reconfiguración dolorosa del yo. Es este sacrificio interior el que es expresado simbólicamente a través del ofrecimiento exterior de granos o animales.

En ningún otro lugar se exhibe más claramente la conexión espantosa entre alianza y sacrificio que en la historia relatada en el capítulo veintidós del Génesis: Abraham amarrando a su hijo Isaac. El nombre, nos enteramos, ha sido cambiado a Abraham cuando Dios ha, una vez más, prometido que se convertirá en padre de muchas naciones. Aunque permaneció sin tener hijos ya en edad avanzada, Abraham continuó esperando en la promesa de Dios. Un día, tres extraños aparecieron en las tiendas de Abraham, y luego que el patriarca les demostrara hospitalidad, le prometieron que, a su regreso el año siguiente, Sara, su esposa, estaría mimando un hijo. Aunque Sara se sonrió al escuchar la predicción, Abraham confió, y la profecía se hizo realidad. Isaac fue así no sólo el hijo amado de la vejez de Abraham sino que el cumplimiento de la alianza de Dios, el medio por el cual Dios haría surgir de él una poderosa nación. La fe de Abraham en Yahweh —su alianza con el Señor— fue atada indisolublemente con la existencia de su hijo. Y luego, inexplicablemente y sin aviso, Yahweh le exigió a Abraham ofrecer su hijo en sacrificio: Dios le dijo, «¡Abraham! . . . Toma a tu hijo único, el que tanto amas, a Isaac; ve a la región de Moria, y ofrécelo en holocausto sobre la montaña que yo te indicaré» (Gn 22, 2). Vimos que la relación entre Yahweh y Abraham comenzó con un llamado a confiar y esa fe de Abraham se había profundizado y robustecido al paso del tiempo —pero ahora su buena disposición para aceptar la palabra de Dios pareció colocar a Dios en contradicción consigo mismo. Esta orden debe haber provocado dentro de Abraham no sólo una crisis personal, psicológica del grado más fuerte, sino que también, si puedo expresarlo de esta manera, una crisis teológica. En una paradoja suprema, Dios quiso que Abraham ratificara su alianza mediante su voluntad de sacrificar la condición misma de la posibilidad de la alianza. Tuvo que someter lo más querido para él, entregar a Isaac a Dios, ver a su hijo, no principalmente como su posesión propia, sino más bien como un regalo de Dios y un componente en el misterioso diseño de Dios.

Durante el transcurso de tres días terribles, se nos cuenta, Abraham condujo a Isaac a la montaña del sacrificio, soportando incluso la pregunta quejumbrosa de su hijo, «Tenemos el fuego y la leña, pero ¿dónde está el cordero para el holocausto?» (Gn 22, 7). Como han dejado claro los rabinos y los comentaristas, Abraham debe haber atravesado una tortura espiritual y psicológica inimaginable. Luego, en el momento cumbre, cuando estaba a punto de zambullir su cuchillo en su hijo, habló un ángel, diciéndole a Abraham que se detenga: «No pongas tu mano sobre el muchacho ni le hagas ningún daño. Ahora sé que temes a Dios, porque no me has negado ni siquiera a tu hijo único» (Gn 22, 12). Podemos ver por qué esta historia del Akedah (atadura) se destaca tan imponentemente en la historia israelita, superando en importancia espiritual incluso a los acontecimientos del Sinaí. Si, tal como hemos estado sosteniendo, el problema básico humano comenzó con su autoafirmación al punto de la autodeificación, entonces la solución debe venir a través de la clase más radical de autoentrega a Dios, a través de aquella confianza absoluta que la Biblia llama fe. Israel en su mejor versión —incluyendo al israelita supremo, Jesús de Nazaret— estará condicionado por el poder de la fe de Abraham. Y la alianza, la unión entre Dios y la humanidad, estará siempre acompañada de una predisposición al sacrificio.

La siguiente gran alianza que hace Dios con Israel está asociada a Moisés y el Éxodo de Egipto. Como muchos de los héroes de Israel, Moisés tuvo que ser puesto a prueba antes de estar listo para la misión. Este hijo del privilegio, criado en la corte del faraón, fue forzado a deambular por muchos años en el desierto, aprendiendo los modos humildes de un pastor, porque Dios no quería que se sintiera superior al pueblo sino que los guiara y se sacrificara por ellos. Sólo luego de esta prueba Moisés vio la zarza ardiente y oyó la voz de Dios anunciando su nombre divino, «Yo Soy el que Soy» (Ex 3, 14). Este título divino, tan desconcertante y abstracto, tiene verdaderamente importancia salvífica. Como «aquel que es», Dios no es un ser entre muchos, una divinidad local que puede ser manipulada o evitada; sino más bien, es el Creador, aquel que cubre todas las cosas aun cuando las trasciende radicalmente. Y esto significa que no puede ser ni asido ni evitado, controlado ni ignorado. Habiendo encontrado a este Dios, ante cuya presencia la única respuesta apropiada es la confianza, Moisés estuvo listo para la misión. Y, tal como sería de esperar, la misión implicará la autoentrega. Dios envió a su servidor de regreso a Egipto, al lugar en el que su pueblo era esclavizado, y le dio el encargo de liderar a los cautivos hacia la libertad. Tuvo que ir al corazón de la oscuridad, dentro de la tierra de la opresión, y a través de su propia sangre y sudor y obediencia, conducir a los israelitas de regreso a la libertad y a la adoración correcta. Los peligrosos enfrentamientos de Moisés con el faraón, así como su resistencia paciente a las quejas de su propio pueblo, fueron parte del sacrificio liberador. En la víspera de su escape, Moisés le dijo a la gente que se reuniera en pequeños grupos y preparara el cordero Pascual. Este banquete sagrado fue ciertamente, tal como vimos en el capítulo anterior, la reinstauración de la intimidad de la humanidad con Dios que se había perdido largo tiempo atrás, pero no debemos olvidarnos de que fue hecho posible por el sacrificio sangriento de un animal. Para Israel, por lo tanto, la comida Pascual pasó a ser un recordatorio continuo del precio pagado por la libertad y la comunión.

Una vez que escapó de la opresión, el pueblo, bajo el liderazgo de Moisés, llegó al Sinaí, la montaña del Señor, donde se le dio las dos tablas de la Ley. Los Diez Mandamientos proveyeron instrucciones para una renovación interior de la tribu. A través de ellos, los hijos de Israel fueron (al menos en principio) reencausados, reformados como un pueblo que ama a Dios por sobre todas las cosas y que se dedica, sistemáticamente, a las obras de compasión y misericordia. En su peor versión, reaccionaron (y continuaron reaccionando) bastante violentamente contra estos mandamientos, viéndolos como imposiciones externas arbitrarias. Pero Dios tenía la intención de que fueran una especie de sacrificio, un rehacer doloroso pero finalmente beneficioso del pecaminoso yo. Ahora el sacrificio interior de la Ley (la Torá) sería acompañado por un sacrificio exterior. Habiendo anunciado la Ley y escuchado el consentimiento del pueblo, Moisés ordenó que se faenara un buey por el bienestar de Israel, y luego «tomó la mitad de la sangre, la puso en unos recipientes, y derramó la otra mitad sobre el altar», y con la otra mitad «roció . . . al pueblo, diciendo: "Esta es la sangre de la alianza que ahora el Señor hace con ustedes, según lo establecido en estas cláusulas"» (Ex 24, 6-8).

La idea detrás de esta práctica es suficientemente directa: salpicar con la sangre al pueblo señalaba la promesa de fidelidad de Dios (su sangre) sobre ellos, y salpicar el altar representaba el compromiso de fidelidad recíproco de Israel hacia Yahweh, cada uno diciéndole al otro, en efecto, «Cuando esta sangre es derramada, así mi vida será derramada por ti». Una vez más la vinculación de alianza y sacrificio era exhibida con claridad. No es, a propósito, por casualidad que esta confluencia de la Torá y del sacrificio precipitara el surgimiento del sacerdocio israelita formal. El libro del Éxodo detalla cómo el hermano de Moisés, Aarón, y sus hijos fueron elegidos como sacerdotes de Yahweh y se les encargó la tarea de alabanza y sacrificio. Escuchamos sobre instrucciones complicadas para la construcción de altares, la confección de las vestiduras, y la preparación de una variedad entera de accesorios litúrgicos, todo ello focalizado en el ministerio sacerdotal (sacrificial).

La gran alianza final que Dios «corta» (la palabra bíblica típica) con Israel tuvo lugar durante el tiempo del Rey David. Luego de varios tipos de pruebas —la más notable su confrontación, armado sólo con una honda y fe, con el gigante Goliat, y su larga batalla con el celoso Saúl— David surgió como un digno pastor de Israel. Luego que David trajera el arca de la alianza a la ciudad de Jerusalén, prometiendo por lo tanto la fidelidad de Israel a Yahweh, el Señor habló al rey a través del profeta Natán: «Yo elevaré después de ti a uno de tus descendientes . . . y afianzaré su realeza. . . . Tu casa y tu reino durarán eternamente delante de mí, y su trono será estable para siempre» (2 Sam 7, 12-16). A Abraham, Dios le prometió descendientes más numerosos que las estrellas en el cielo, y a David, le prometió una línea sucesoria real, que duraría, bastante misteriosamente, eternamente. Estas dos promesas de alianza fueron expresiones del gran principio bíblico de que darse a sí mismo conduce al crecimiento del ser, y será llevado a la plenitud, en la interpretación Cristiana, a través de Cristo y su Cuerpo, la Iglesia.

A la luz de lo que recién hemos visto, no debería sorprendernos que esta alianza final sea también acompañada por sacrificio. Luego de la Muerte de David, su sucesor inmediato, Salomón, emprendió el proyecto enorme de construir un templo a Yahweh en la ciudad santa de Jerusalén. En ese lugar, ligados muy estrechamente con la línea de reyes davídicos, los sacerdotes realizarían por cinco siglos sacrificios de animales y granos, y luego, cuando el templo fuera reconstruido después del regreso del exilio babilónico, los sacerdotes israelitas llevarían sus prácticas sacrificiales allí hasta que el segundo templo fue destruido por los romanos en el año 79 d.C. Por consiguiente, por casi mil años, la nación israelita ratificó su alianza con Yahweh mediante la faena de bestias y el humo de los holocaustos. De ese modo demostraron masivamente, de una manera simbólica, que la comunión y vida que Yahweh deseaba para su pueblo sería hecha posible mediante un sacrificio interior, un derrame del yo. El acto litúrgico más sofisticado e importante en el templo tenía lugar cada año en el Día de la Expiación. El sumo sacerdote ingresaba al Sanctasanctórum, el santuario en el centro mismo del complejo del templo, y allí faenaba una cabra, cuya sangre rociaba alrededor del sitio sagrado. A continuación, salía del Sanctasanctórum, pasando a través del velo simbólico y rociaba la sangre restante en la multitud congregada. Era, por supuesto, la recreación de la escena del Éxodo que analizamos arriba, simbolizando el regalo de Israel de su sangre a Dios y el compromiso de perdón de Dios para Israel. En su propia persona, estaba actuando como mediador entre la divinidad y la humanidad, como sacerdote ofreciendo un sacrificio en nombre del pueblo y, de modo bastante extraño, en nombre de Yahweh mismo. En el proceso, estaba haciendo simbólicamente real la restauración de la creación de acuerdo con las intenciones de Dios.

Ahora bien, aunque a través de la alianza y el sacrificio estaban definiendo elementos de la antigua religión israelita, aunque el pueblo judío se comprendía a sí mismo en y a través de estos temas centrales, existe, a lo largo del período bíblico, una sensación inquietante de que la alianza nunca ha sido alcanzada verdaderamente y el sacrificio nunca ha sido completamente eficaz. No interesa cuántas veces se enseñó, renovó y reafirmó la alianza, fue rota por el terco Israel, un pueblo «obstinado» (Ex 32, 9). Y no interesa cuántos sacrificios fueran ofrecidos en el templo, Yahweh no era honrado apropiadamente y el pueblo no estaba aún reformado interiormente. Nadie expresa esta insatisfacción mejor que el profeta Isaías. Pronunciando las palabras de Yahweh, Isaías dice, «¿Qué me importa la multitud de sus sacrificios? —dice el Señor— Estoy harto de holocaustos de carneros y de la grasa de animales cebados; no quiero más sangre de toros, corderos y chivos» (Is 1, 11). ¿Por qué el Dios que exigía sacrificio parece ahora tan indiferente, incluso hostil hacia él? Llega la respuesta, «¡Lávense, purifíquense, aparten de mi vista la maldad de sus acciones! ¡Cesen de hacer el mal, aprendan a hacer el bien! ¡Busquen el derecho, socorran al oprimido, hagan justicia al huérfano, defiendan a la viuda!» (Is 1, 16-17). Lo que molesta a Yahweh no es el sacrificio en sí mismo sino el sacrificio que se ha divorciado de las obras reales de compasión y justicia, de las exigencias de la alianza. Ese sacrificio ha derivado en un símbolo vacío.

El profeta Jeremías, quien comparte mucho de la profunda impaciencia de Isaías con la corrupción del pueblo israelita y sus gobernantes, da voz sin embargo a un anhelo y a una esperanza que debe haber estado hondamente arraigada en la consciencia colectiva de la nación. Expresa el propio compromiso de Yahweh de que él mismo cumplirá la alianza y perdonará los pecados del pueblo. En el capítulo treinta y uno del libro del profeta Jeremías, encontramos estas palabras extraordinarias: «Llegarán los días —oráculo del Señor— en que estableceré una nueva Alianza con la casa de Israel y la casa de Judá. No será como la Alianza que establecí con sus padres . . . mi Alianza que ellos rompieron. . . . Esta es la Alianza que estableceré con la casa de Israel, después de aquellos días . . . pondré mi Ley dentro de ellos, y la escribiré en sus corazones; yo seré su Dios y ellos serán mi Pueblo» (Jr 31, 31-33). Todos los profetas saben que las alianzas que Dios hizo con Israel —a través de Abraham, Moisés y David— han fracasado debido a la infidelidad del pueblo, pero Jeremías sueña que un día, a través de la intervención de Yahweh mismo, un fiel Israel emergerá, un pueblo que tenga un corazón para el Señor, que considere la ley no como una imposición externa sino como una alegría.

Demos un paso más. ¿Cómo tendrá lugar esta renovación? ¿Cómo sembrará Yahweh tan profundo la ley en los hijos de Israel para que el cumplimiento de la alianza sea sin esfuerzo? Para encontrar las respuestas, debemos volvernos a ciertos textos misteriosos en el libro del Profeta Isaías, textos que fascinaron particularmente a los primeros Cristianos. En el capítulo cincuenta y dos, encontramos una referencia a un personaje llamado el «servidor» del Señor, quien, se nos dice, «será exaltado y elevado a una altura muy grande» (Is 52, 13). Las naciones de la tierra lo verán en esta posición prominente, pero no estarán mirando a un guerrero espléndido ni a un vencedor majestuoso. En cambio, estarán asombrados «porque estaba tan desfigurado que . . . su apariencia no era más la de un ser humano» (Is 52, 14). En el capítulo cincuenta y tres, continua la descripción de este servidor: «Sin forma ni hermosura que atrajera nuestras miradas, sin un aspecto que pudiera agradarnos. Despreciado, desechado por los hombres, abrumado de dolores y habituado al sufrimiento» (Is 53, 2-3). Y luego se aclara la razón de esa deformidad y angustia: «Pero él soportaba nuestros sufrimientos y cargaba con nuestras dolencias . . . Él fue traspasado por nuestras rebeldías y triturado por nuestras iniquidades . . . Y el Señor hizo recaer sobre él las iniquidades de todos nosotros» (Is 53, 4-6). Este «servidor sufriente» es presentado, en resumen, como un personaje sacrificial, uno que, en nombre de la nación entera, se ofrecerá así mismo por los pecados de la mayoría. Su grandeza consistirá, no en independencia personal ni poder político, sino en su voluntad para cargar el peso del pecado, de quitarle el poder al pecado, como si fuera, desde dentro. En una palabra, la alianza de la que habla Jeremías (el escribir la ley en el corazón de la gente) se alcanzará a través del servidor sacrificial del que habla Isaías. Habiendo considerado esta cantidad de tensiones en la teología del Antiguo Testamento, y habiendo visto la estrecha correlación entre la alianza eterna de Jeremías y el servidor sufriente de Isaías, estamos listos, finalmente, para hablar de Jesús y su sacrificio.

JESÚS EL CORDERO DE DIOS

Una de las primeras herejías que la iglesia Cristiana combatió fue el Marcionismo, la convicción de que Jesús debe ser interpretado abstrayéndolo del Antiguo Testamento. He pasado mucho tiempo agrupando los temas de alianza y sacrificio del Antiguo Testamento porque comparto la convicción antimarcionita de que es imposible encontrarle el sentido a Jesús apartándolo de su judaísmo. Las categorías que Pablo y los escritores de los Evangelios usaron para presentar a Jesús como el Cristo fueron, casi exclusivamente, sacadas de las Escrituras hebreas. Una de las razones por las que nos resulta tan dificultoso valorar a Jesús es que nos hemos convertido, efectivamente, en Marcionitas —esto es, indiferentes a, y/o ignorantes de, la Biblia. Sin una adecuada preparación israelita, la mayoría del vocabulario Cristológico del Nuevo Testamento y de la tradición dogmática, permanecen opacados.

Por ejemplo, en la enseñanza oficial de la Iglesia, formulada en el Concilio de Calcedonia en 451, Jesús es descrito como la unión de dos naturalezas —divina y humana— en la unidad de la persona divina. Aunque puede parecer desesperadamente abstracto, esta fórmula cobra densidad y resonancia cuando la consideramos frente al telón de fondo de la teología israelita de la alianza que hemos bosquejado. Como vimos, desde Abraham hasta David, Yahweh prometió que sería el Dios de Israel e Israel sería su pueblo especial. Sin embargo, a pesar de la fidelidad de Dios, la alianza se desarmaba constantemente debido a los pecados del pueblo. Lo que discernieron los primeros Cristianos fue que finalmente se realizó en Jesús la alianza largamente anhelada, la divinidad y la humanidad se habían abrazado ciertamente, que la voluntad de Dios y la voluntad del fiel Israel habían entrado, finalmente, en armonía. Y esto es precisamente lo que, en su más acentuado vocabulario filosófico, estaban diciendo los padres del Concilio de Calcedonia. Y por consiguiente, la declaración de Calcedonia es una interpretación más exacta conceptualmente de lo que nos dice Juan el Evangelista en el prólogo de su Evangelio: «Y la Palabra se hizo carne y habitó entre nosotros» (Jn 1, 14). La Palabra del amor de la alianza de Dios, que fue dirigida a Abraham, Moisés, David, Isaías y Jeremías, ha entrado en una unión radical con la carne de este israelita particular, Jesús de Nazaret, y así, en este Jesús, se realiza el anhelo de Israel.

Ahora bien, la alianza y el sacrificio están siempre vinculados. Por lo tanto, cuando en el Evangelio de Juan, Juan el Bautista divisa a Jesús, se vuelve hacia un grupo de sus discípulos y dice, «Este es el Cordero de Dios» (Jn 1, 36). Esta es una de las primeras y más importantes claves de interpretación que nos da Juan el Evangelista: Jesús es aquel que interpretará el rol de los corderos sacrificados en el templo. En concordancia con nuestra fórmula —no hay comunión sin sacrificio— Jesús, la alianza en persona, será necesariamente una víctima sacrificada también. El Papa León 1 el Magno, escribiendo en el siglo VI, dio expresión a un lugar común en los patrísticos, cuando dijo «el Hijo de Dios no tuvo ninguna otra razón para nacer que la de ser clavado en la cruz». Jesús vino, en resumen, para ser el servidor sufriente que, a través de un sacrificio, quitaría los pecados del mundo. Encontramos la misma idea esculpida en piedra en la fachada de la Catedral de Chartres. No existe un vestigio de sentimentalismo en la representación del escultor de Chartres del nacimiento de Jesús: muestra a María con una aceptación estoica y Jesús yace, no en un pesebre, sino en un frío bloque de piedra, el altar sobre el cual será ofrecido. C. S. Lewis plantea casi el mismo punto cuando dice que Dios entró al mundo clandestina y sutilmente a la manera de un soldado que se infiltra detrás de las líneas enemigas, porque su misión sería socavar la fortaleza del pecado.

Miremos ahora solo a unas pocas escenas del Evangelio que es útil leerlas bajo esta rúbrica. Incluso los más escépticos críticos históricos del Nuevo Testamento están de acuerdo con que Jesús estuvo, al menos en los primeros días de su ministerio, conectado con Juan el Bautista. Su seguridad se basa en dos criterios: múltiples testimonios (al Bautista se lo menciona en los cuatro Evangelios) y bochorno (elementos que la comunidad Cristiana hubiera preferido suprimir pero que encontraron la manera de introducirse en los Evangelios están basados, es lo más probable, en hechos históricos). ¿Por qué la vinculación de Juan el Bautista sería bochornosa para Jesús y los primeros Cristianos? Porque Juan estaba ofreciendo un bautismo de arrepentimiento y, por consecuencia, los pecadores acudían a él en manada. Uno supondría que los primeros autores Cristianos habrían sentido una pequeña incomodidad exponiendo al Salvador del mundo como alguien que se presentaba en necesidad de un bautismo para pecadores. Pero esta misma tensión provee, de hecho, la mejor pista para leer este pasaje. Mateo nos dice que Jesús «fue desde Galilea hasta el Jordán y se presentó a Juan para ser bautizado por él» (Mt 3, 13). Jesús, en efecto, se deslizó en las aguas lodosas del río y permaneció de pie hombro con hombro junto a aquellos que buscaban perdón, identificándose con la condición de ellos. Cualquiera que pasara por allí habría presumido que Jesús era un pecador entre muchos. Cuando el Bautista lo vio, quedó sorprendido: «Juan se resistía, diciéndole: "Soy yo el que tiene necesidad de ser bautizado por ti"» (Mt 3, 14). Pero Jesús insistió, «Ahora déjame hacer esto, porque conviene que así cumplamos todo lo que es justo» (Mt 23, 15). ¿Fue este intercambio simplemente puesto en las bocas de Juan y Jesús para tapar el bochorno de los primeros Cristianos, o revela esto algo decisivo sobre la identidad y misión de Jesús? De hecho, la frase «cumplamos todo lo que es justo», es una especie de código bíblico, designando a la vez alianza y sacrificio. Cuando Israel siguió los requisitos de la alianza del Señor, se volvió «justo» —esto es, correctamente ordenado— y cuando el pecador arrepentido realizaba un sacrificio, recobraba la rectitud perdida. Las palabras de Jesús al Bautista, por lo tanto, significan que él ha venido a hacer realidad la alianza (la unión entre la divinidad y la humanidad) precisamente a través de una participación sacrificial de la condición del pecador. Al modo del servidor sufriente de Isaías, Jesús en el Jordán se estaba identificando totalmente con la condición de los pecadores, anunciando su intención de soportar la carga y asumir la culpa de ellos. Él fue, por ello, la encarnación de la propia (aunque bochornosa) humildad y condescendencia de Dios. Justo a continuación de la descripción del bautismo de Jesús, encontramos en el Evangelio de Mateo un relato de su enfrentamiento con el tentador. Vemos aquí cómo luce la identificación con los pecadores, esbozada en el bautismo, en la práctica. Luego de cuarenta días de ayuno en el desierto (evocativo de los cuarenta años de Israel deambulando en el desierto), Jesús se encuentra con el diablo, que procede a atraer al Mesías al camino del pecado. Su sacrificio implicará su venida a batallar el pecado desde cerca, su predisposición a ser atraído por su poder, a colocarse bajo su influencia. Satán lo tienta primero con el placer sensual: «Si tú eres Hijo de Dios, manda que estas piedras se conviertan en panes» (Mt 4, 3). Una de las formas más elementales de disfunción espiritual es hacer de la satisfacción del deseo sensual el centro de la propia vida. Así, Jesús ingresa, a través de la identificación psicológica y espiritual, en la condición de la persona atraída por este pecado, pero luego logra resistir la tentación y de hecho darle un giro a esta perversión de vuelta a la rectitud: «El hombre no vive solamente de pan, sino de toda palabra que sale de la boca de Dios» (Mt 4, 4). Hace lo mismo con la tentación de la gloria («No tentarás al Señor, tu Dios» [Mt 4, 7]) y el poder

(«Adorarás al Señor, tu Dios, y a él sólo rendirás culto» [Mt 4, 10]). Si estas perversiones hubieran sido abordadas sólo desde la distancia, sólo a través del fíat divino, no habrían sido auténticamente conquistadas; pero cuando son resistidas por alguien que está dispuesto a someterse a sus atractivos, son detonadas efectivamente desde dentro, socavadas, derrotadas. Esta es la estrategia de Jesús, el Cordero de Dios.

Lo vemos en varias escenas del Evangelio donde Jesús está agotado luego de su contacto con los enfermos, los extraviados, los pecadores. En el comienzo del Evangelio de Marcos, encontramos un relato de un día típico en el ministerio de Jesús. La gente lo presionaba desde todos lados, forzándolo a encontrar refugio en un bote por temor a ser aplastado por la multitud, y en un punto hay tantos suplicantes rodeándolo que no podía siquiera comer. Nos dice Marcos que se marchó a un lugar apartado para orar, pero incluso allí lo trataron de localizar, acercándose a él de todas direcciones. En la narrativa magnífica de la mujer samaritana en el Evangelio de Juan, escuchamos que Jesús se sentó al lado del pozo de Jacob, «fatigado del camino» (Jn 4, 6). Esta descripción es lo suficientemente directa a nivel literal: ¿Quién no estaría cansado luego de una marcha matutina a través de una región seca? Pero como Agustín y otros nos han recordado, tiene otro sentido en el nivel místico. Jesús está cansado de su travesía de encarnación en el pecado y disfunción humanos, representados por el pozo. «El que beba de esta agua tendrá nuevamente sed» (Juan 4, 13), le dice Jesús a la mujer, indicando que el pozo es emblemático del deseo errante, de su tendencia a llenar su anhelo por Dios con bienes pasajeros de la creación: dinero, placer, poder, honor. Para poder alcanzar un cambio en ella, el Cordero de Dios tuvo que tener la disposición de entrar en su mundo disfuncional y compartir la fatiga espiritual del mismo. J. R. R. Tolkien valoraba intensamente la dinámica sacrificial que hemos estado explorando. Su gran personaje de Cristo, Frodo el hobbit, dio lugar a la salvación de la Tierra Media precisamente por su entrada en el corazón de la tierra de Mordor, quitando el poder a ese lugar terrible a través de su humilde disposición a soportar el peso entero de su carga.

Todo esto no fue otra cosa, sin embargo, que el anticipo del sacrificio final del Cordero de Dios. El último enemigo que tuvo que ser vencido, para que Dios y su familia humana pudieran sentarse alguna vez en la agradable hermandad de una comida festiva, fue la misma muerte. En un sentido muy auténtico, la muerte (y el miedo a la muerte) se esconde detrás de todo pecado, y por tanto Jesús debe viajar dentro del reino de la muerte y, a través del sacrificio, enderezarla hacia la vida. Innumerables héroes en el curso de la historia humana han intentado conquistar ese reino utilizando sus armas, combatiendo violencia con violencia y odio con odio. Pero esta estrategia fue (y aún lo es) inútil. El plan de batalla del Cordero de Dios fue en extremo paradójico: conquistaría a la muerte precisamente muriendo. Desde la primera aparición de Jesús, el mundo (clave taquigráfica bíblica para el escenario de la muerte) se le opuso. Herodes buscó aniquilarlo, aun cuando era un niño; los escribas y los Fariseos conspiraron contra él y lo persiguieron; el establishment del templo le temía; los romanos lo vieron como una amenaza para el justo orden. En el clímax de su vida y ministerio, Jesús entró en Jerusalén, la ciudad de David, el sitio del templo, montando no un refinado caballo de guerra a la manera de un guerrero de este mundo, sino un humilde borrico. Llegó al lugar donde sus enemigos estaban más concentrados, y tenía toda la intención de pelear, pero su arma sería el instrumento mismo con el que sus oponentes lo ejecutarían.

En la cruz, Jesús dijo, «Padre, perdónalos, porque no saben lo que hacen» (Lc 23, 34). Muriendo en un instrumento de tortura romano, permitió que la fuerza completa del odio y disfunción del mundo se desbordara sobre él, se gastara sobre él mismo. Y respondió, no con una respuesta de violencia o resentimiento, sino con perdón. Quitó, por lo tanto, el pecado del mundo (para utilizar el lenguaje de la liturgia), envolviéndolo por completo en su divina misericordia. Sobre su cruz, Poncio Pilato había colocado un cartel, anunciando en hebreo, latín y griego que Jesús era el Rey de los Judíos. Aunque Pilato tuvo la intención de que fuera una burla, fue de hecho el cumplimiento de una profecía. Un aspecto esencial de la esperanza de Israel fue que un día se alzaría un rey en la tradición de David y Salomón, tomaría su lugar en Jerusalén, y enfrentaría definitivamente a los enemigos de la nación. Esto es precisamente lo que fue Jesús y precisamente lo que hizo Jesús. Pero qué clase de rey extraño e inesperado que fue, conquistando a los enemigos de Israel a través de la no violencia, quitándoles el poder al rechazar responderles del mismo modo. En el Evangelio de Lucas, Jesús se compara con una gallina que anhela reunir sus polluelos bajo sus alas. Como señala N. T. Wright, esto es mucho más que una imagen sentimental. Se refiere al gesto de una gallina cuando el fuego está barriendo la granja. Para proteger a sus polluelos, se sacrificará a sí misma, reuniéndolos bajo sus alas y utilizando su propio cuerpo como un escudo. En la cruz, Jesús utilizó, por así decirlo, su propio cuerpo sacrificado como un escudo, aceptando la fuerza completa del odio y la violencia del mundo. Se introdujo en la cercanía del pecado (porque es allí donde nosotros los pecadores nos encontramos) y permitió que el ardor y la furia del pecado lo destruyeran, incluso mientras nos protegía. Con esta metáfora en mente, podemos ver, con especial claridad, por qué los primeros Cristianos asociaron al Jesús crucificado con el servidor sufriente de Isaías. Al soportar el dolor de la cruz, Jesús ciertamente cargó con nuestros pecados; por sus azotes ciertamente fuimos curados.

Y es por esto que la muerte sacrificial de Jesús es agradable al Padre. Aunque en los años recientes ha sido satirizada como que propugna una especie de abuso infantil divino, la doctrina de la expiación se ubica en el corazón de la fe y la proclamación Cristianas. El Padre envió a su hijo hasta el límite del abandono de Dios, dentro de la ciénaga del pecado y de la muerte, no porque se deleitara en ver sufrir a su Hijo, sino más bien porque quería que su Hijo llevara la luz divina al lugar más oscuro. No es la agonía en sí misma lo que complace al Padre, sino la obediente voluntad del Hijo para ofrecer su cuerpo en sacrificio para quitar el pecado del mundo. San Anselmo (aquel culpado más a menudo por propagar la teoría de la expiación) dijo que la muerte del Hijo restableció la justicia —es decir, la relación correcta entre divinidad y humanidad. Lo hizo, continua Anselmo, recorriendo todo el trayecto descendente hasta el fondo del barro del pecado para poder encontrar y liberar la perla (humanidad) que había caído. No fue el sufrimiento del Hijo per se lo que amó el Padre, sino la buena disposición del Hijo para realizar esa travesía cuesta abajo.

LA EUCARISTÍA COMO SACRIFICIO

Es recién ahora, al concluir esta inspección de prácticamente la historia entera de la salvación, que estamos en condiciones de entender la relación entre Eucaristía y sacrificio. Esta asociación está lejos de ser arbitraria o casual, porque fue hecha por Jesús mismo mientras recapitulaba el significado de su vida en compañía de sus discípulos en la noche antes de su muerte. Lucas nos cuenta que, en su última gran comida festiva, Jesús «tomó el pan, dio gracias, lo partió y lo dio a sus discípulos, diciendo: "Esto es mi Cuerpo, que se entrega por ustedes. Hagan esto en memoria mía"» (Lc 22, 19). Y luego, al concluir la comida, tomó la copa de vino y dijo, «Esta copa es la Nueva Alianza sellada con mi Sangre, que se derrama por ustedes» (Lc 22, 20). En el relato de Mateo, Jesús deja aún más claro el significado sacrificial: «Beban todos de ella, porque esta es mi Sangre, la Sangre de la Alianza, que se derrama por muchos para la remisión de los pecados» (Mt 26, 27-28).

A fin de valorar estas palabras tal vez excesivamente familiares, tenemos que ubicarnos en la cosmovisión de la primera audiencia de Jesús. Cuando escucharon estas afirmaciones extraordinarias, los Apóstoles estaban escuchando indudablemente matices y resonancias de la tradición de las escrituras y la liturgia que hemos revisado. Jesús estaba usando la cena Pascual para dar una interpretación definitiva a las acciones que realizaría al día siguiente, el Viernes Santo. Mientras este pan es partido y compartido, entonces, estaba diciendo, mi cuerpo mañana será partido y ofrecido; tal como esta copa es derramada, mi sangre mañana será derramada en sacrificio. Su cuerpo, estaba implicando, será como el de los animales ofrecidos por Abraham cuando Dios selló una alianza con él, y su sangre será como la sangre del buey rociada por Moisés sobre el altar y sobre el pueblo, sellando el acuerdo de la Torá. Su cuerpo crucificado, será como el Cordero Pascual faenado en el templo, representando el compromiso total de Israel con Yahweh y de Yahweh con Israel. Más aún, su cuerpo será como aquel de Isaac mientras esperaba que el cuchillo de su padre cayera, con la diferencia reveladora de que el Padre de Jesús llevará a cabo el sacrificio. Y si prestamos cuidadosa atención a las palabras pronunciadas sobre la copa, no podemos evitar ver que su acto en la cruz será la condición para la posibilidad de la alianza perfecta que soñó Jeremías. Cuando Jesús dijo «Esta copa es la Nueva Alianza sellada con mi Sangre» (1 Cor 11, 25), sus discípulos pensaron ciertamente en la promesa de que un día Yahweh llevaría a cabo la plena unión con su pueblo. Y cuando escucharon que esta alianza iba a estar acompañada por derramamiento de sangre, ¿no habrán pensado seguramente en el vínculo entre el sueño de Jeremías y el servidor sufriente de Isaías? En suma, las palabras de Jesús sobre el pan y la copa en la Última Cena llevaron a cabo una imponente reunión de una variedad de facetas de teología de alianza y de sacrificio en las Escrituras hebreas. Las alianzas y sus sacrificios que las acompañaban y que marcan la historia religiosa entera de los Judíos está siendo sintetizada, dice Jesús, en mí y en mi sacrificio. Sabía indudablemente que el horror de la crucifixión sería tan extremo como para bloquear cualquier intento de asignarle significado. Y así, en la relativa seguridad e intimidad del cuarto superior, Jesús calmadamente y por adelantado proveyó la clave interpretativa para el gesto culminante de su vida.

¿Por qué invitó Jesús a sus discípulos a consumir el pan y el vino que había identificado radicalmente con su sacrificio? En la profecía de Jeremías de la nueva alianza, Yahweh había dicho, «pondré mi Ley dentro de ellos, y la escribiré en sus corazones» (Jr 31, 33). Esto significa que el acuerdo eterno sería escrito no sobre tablas de piedra sino en la carne del corazón de la gente; no sería una ley opresiva impuesta externamente sino una regla congruente con el anhelo profundo del alma humana. Jesús quiso así que ellos ingirieran su sacrificio para apropiarse de él en la manera más íntima, orgánica, haciéndolo hueso de sus huesos y carne de su carne. Tomás de Aquino comentó que la Antigua Ley de la Torá y las diferentes alianzas tenían una efectividad mitigada, precisamente porque surgieron externamente al corazón humano. Pero, él continuó, la Nueva Ley del Evangelio es eficaz porque se materializa internamente, a través de la identificación en Cristo y con su Cuerpo, la Iglesia. Y en ningún lugar es más completa esta identificación que en la Eucaristía, cuando un discípulo consume físicamente al Cristo encarnado, la ley por excelencia.

Estamos ahora en condiciones de abordar más completamente el tema que hemos planteado en el comienzo de este capítulo —más concretamente, cómo la Misa puede ser interpretada como un sacrificio. Ya hemos mostrado cómo el sacrificio de la cruz de Jesús resume y reúne la historia sacrificial que lo precedió. La Misa, la liturgia Eucarística, puede ser comprendida como una extensión o re-presentación del sacrificio de Jesús, trayendo el poder de la cruz para cargarla en el presente. Por consiguiente la Misa, en un sentido muy real, recapitula y concreta todo lo que hemos estado describiendo en el curso de este capítulo. Si Jesús fuera un personaje religioso entre muchos, un ejemplo inspirador del pasado, podríamos reunirnos ahora como sus discípulos y recordarlo bastante débilmente, parecido a la Asociación Abraham Lincoln que podría reunirse y recordar las virtudes del gran presidente. Porque Jesús es quién es, sin embargo, prevalece algo distinto. La Misa es descrita como *anamnesis* (una rememoración) de la Última Cena y el Calvario, pero este término significa mucho más que una sensación meramente psicológica. Ya que Jesús es divino, todas sus acciones, incluyendo y especialmente el acto sacrificial por el cual salvó al mundo, participan de la eternidad de Dios y por tanto pueden hacerse presentes en cualquier momento. «Recordarlo», en consecuencia, es participar incluso ahora en los acontecimientos de salvación del pasado, trayéndolos al día presente en toda su densa realidad. La Batalla de Hastings no puede ser re-presentada, excepto en el sentido más superficial, ya que pertenece irremediablemente al pasado, pero el sacrificio de Jesús sí puede. Aquellos que están congregados alrededor del altar de Cristo no están simplemente recordando el Calvario; el Calvario se les ha hecho presente en todo su poder espiritual. Debido a la eternidad de Cristo, existe ciertamente una especie de colapso de las dimensiones del tiempo en la Misa, el presente encontrando al pasado —y ambos, presente y pasado anticipando el futuro escatológico. San Pablo capturó de manera hermosa esta trans-temporalidad de la liturgia Eucarística cuando, en la Primera Carta a los Corintios, dijo, «Y así, siempre que coman este pan y beban esta copa, proclamarán la muerte del Señor hasta que él vuelva» (1 Cor 11, 26). En otras palabras, aquí y ahora, en la asamblea Eucarística, Cristo hace presente el pasado y el futuro. En efecto, la historia sacrificial entera de Israel —desde Noé y Abraham hasta David e Isaías y Jesús mismo— es incorporada y resumida, re-presentada en la Misa.

Martín Lutero y los otros reformadores objetaron afanosamente la afirmación de que la Misa era un sacrificio. Lutero sostuvo que el gran sacrificio de Cristo se hizo una vez por todos y que si nosotros, consecuentemente, nos arrogamos la prerrogativa de repetirlo, somos culpables de presuntuosidad espiritual peligrosa, o en su lenguaje, «rectitud de obras». La Misa, concluyó, es algo que es recibido, no ofrecido, por nosotros. Lo que hemos dicho recién sobre la cualidad de trascender el tiempo del acto de Jesús va en dirección a disolver la crítica de Lutero, porque no estamos repitiendo el sacrificio de Cristo en nuestros propios términos y a partir de nuestra propia iniciativa; más bien estamos, como hemos dicho, re-presentándolo, accediendo a su poder. Pero podemos dar un paso más en respuesta a la preocupación de Lutero. El Dios de la Biblia no es competitivo con nosotros. Como hemos argumentado en el primer capítulo, Dios el Creador de todas las cosas no tiene posibilidad de recibir nada que necesite de la creación. Pero ciertamente Dios desea algo para sus creaturas humanas —esto es, vida en plenitud— y esto llega cuando se entregan en amor a él. El sacrificio de Jesús no es otra cosa que don total de sí mismo al Padre que efectivamente endereza la raza humana, y por lo tanto se deleita cuando participamos activamente en él, uniendo nuestras mentes, voluntades y cuerpos con él. El sacrificio de la Misa no constituye un desafío a Dios; antes bien, rompe, como si fuera, la piedra de autosuficiencia de Dios y regresa a nosotros como un poder que mejora la vida.

La representación bíblica más convincente de Jesús como sacerdote sacrificial se encuentra en la Carta a los Hebreos. El autor de este tratado, siendo él mismo probablemente un sacerdote, interpreta a Jesús en el contexto del ritual y ceremonial del templo de Jerusalén. Como vimos, el sumo sacerdote iba cada año al Sanctasanctórum para realizar la expiación. Como tal, era un «pontifex», un constructor de puentes entre divinidad y humanidad. Nunca en el Nuevo Testamento el aunar esfuerzos de lo divino y lo humano en Jesús, es mejor articulado que en esta carta. Se nos cuenta que Jesús es «El resplandor de su gloria y la impronta de su ser. Él sostiene el universo con su Palabra poderosa» (Heb 1, 3). Al mismo tiempo, se nos asegura, «debió hacerse semejante en todo a sus hermanos... Y por haber experimentado personalmente la prueba y el sufrimiento, él puede ayudar a aquellos que están sometidos a la prueba» (Heb 2, 17-18). Esta yuxtaposición de divinidad y humanidad hizo de Jesús el insuperable sumo sacerdote perfecto, «a fin de expiar los pecados del pueblo» (Heb 2, 17). Pero mientras los sumos sacerdotes ordinarios del Antiguo Testamento atravesaban el velo en el Sanctasanctórum terrenal y ofrecían como mucho, un sacrificio deficiente, el sumo sacerdote perfecto atravesó el santuario celestial, cargando los pecados del mundo y llevando a cabo, en el sentido más completo, el perdón divino: «Cristo, en cambio, ha venido como Sumo Sacerdote de los bienes futuros... entró de una vez por todas en el Santuario, no por la sangre de chivos y terneros, sino por su propia sangre, obteniéndonos así una redención eterna» (Heb 9, 11-12). El autor de la Carta a los Hebreos, muy inmerso en los textos del Antiguo Testamento, realiza la conexión explícita entre sacrificio y alianza sobre la que he estado insistiendo a lo largo de este capítulo: «Por eso, Cristo es mediador de una Nueva Alianza entre Dios y los hombres, a fin de que... los que son llamados reciban la herencia eterna que ha sido prometida» (Heb 9, 15). Recordamos que Dios ha prometido a Abraham innumerables descendientes y a David una eterna sucesión de reyes. Vemos ahora en Cristo el inesperado cumplimiento de estas promesas de alianza.

Mediante el sacrificio final de Jesús el sumo sacerdote, la vida eterna se ha tornado disponible a toda la humanidad y por lo tanto la alianza se ha realizado más allá de las fantasías más disparatadas de Abraham, Moisés, Isaías o David.

El sacrificio de la Misa es una participación en este gran acto eterno por el cual Jesús entró en nombre nuestro en el santuario celestial con su propia sangre y regresó dando el perdón del Padre. Cuando el sumo sacerdote salía del santuario y rociaba al pueblo con sangre, se entendía que actuaba en la persona misma de Yahweh, renovando la creación. Habiéndose ofrecido el sacrificio definitivo, Cristo el sacerdote se hace presente en cada Misa con su sangre de vida, y el universo es restaurado. Las acciones del sacerdote en el altar no son otra cosa que una manifestación simbólica de esta realidad mística, siendo esta la razón por la que es descrito como interviniendo *in persona Christi* (en la persona de Cristo). Y es por ello, además, que el perdón de los pecados es tan central en la liturgia Eucarística. Aunque no se lo acentúa suficientemente, todos nuestros pecados veniales (esto quiere decir, aquellos pecados que no han involucrado un compromiso radical de nuestra relación con Dios y que por ende nos habrían dejado muertos espiritualmente) son lavados por la Sangre de Cristo en Misa.

El documento del Vaticano II sobre la Iglesia, *Lumen Gentium*, dice que toda persona bautizada es un sacerdote —es decir, alguien capaz de involucrarse en la dinámica sacrificial de la liturgia. Si bien sólo el sacerdote ordenado puede presidir la Misa y llevar a cabo el cambio Eucarístico, todos los bautizados participan en la Misa de una manera sacerdotal. Hacen esto a través de sus oraciones y respuestas, pero también, especifica el documento, uniendo sus sacrificios y sufrimientos personales al gran sacrificio de Cristo. Un padre que presencia la agonía de su hijo en el hospital; una madre que soporta la rebeldía de una hija adolescente; un joven que recibe la noticia de la muerte de su hermano en combate; un anciano que da vueltas de ansiedad en su cama cuando considera su inestable situación financiera; un estudiante graduado que batalla por completar su tesis doctoral; un niño que experimenta por primera vez la ruptura de una amistad cercana; un idealista que confronta la tenaz resistencia de un adversario cínico. Estas personas podrían ver su dolor simplemente como sufrimiento estúpido, sentirse los parias de un universo indiferente. O podrían verlo a través de los lentes provistos por la muerte sacrificial de Jesús, valorándolo como el medio por el cual Dios los está atrayendo más cerca de él. El sufrimiento, una vez que se une a la cruz de Jesús, puede convertirse en el vehículo para la reforma del pecaminoso yo, el viraje del alma hacia la dirección del amor. Les advierto, no estoy sugiriendo una correlación causal simplista entre pecado y sufrimiento (en verdad, el libro de Job descarta tal movimiento); sino que *estoy* sugiriendo que el dolor, alineado conscientemente al sacrificio de Jesús, puede ser espiritualmente transformador. De este modo, el que sufre se convierte, no simplemente en una persona con dolor, sino en Abraham donando lo que más ama, Moisés soportando la larga disciplina del desierto, David confrontando a Goliat y siendo perseguido por Saúl, o el Mesías crucificado preguntándose por qué ha sido abandonado por el Padre. El lugar donde sucede esta convergencia es la liturgia, porque la liturgia es la re-presentación del sacrificio del Señor en toda su riqueza y polivalencia. Consecuentemente, aquellos que se congregan, con intención y concentración, ante el altar de Jesús, no están simplemente presenciando el acontecimiento de la cruz; están compartiéndolo. Y esta participación cambia fundamentalmente la manera en que experimentan e interpretan su propio dolor.

Y por consiguiente podemos ver, definitiva y completamente, el vínculo íntimo entre los aspectos de comida y de sacrificio de la Eucaristía. Sólo en la medida en que somos transformados por el sacrificio, sólo cuando se ha lidiado con nuestro pecado y sufrimiento nos podemos sentar en la hermandad del banquete sagrado. Y por consiguiente hemos cerrado el círculo. La liturgia Eucarística es la comida sagrada porque es una ofrenda sacrificial. En la Sangre de Jesús, la dicha del Edén es recuperada, y Dios y los seres humanos son una vez más amigos.

CAPÍTULO 3

«Si Es un Símbolo, al Diablo con Ella»

En 1950, Flannery O'Connor fue invitada por unos amigos a una cena con la prominente autora Mary McCarthy y su marido. En ese tiempo, O'Connor, que florecería como una de las más grandes escritoras Católicas del siglo XX, estaba recién comenzando su carrera, y sin duda ella era una miembro de menor talla de este elitista círculo de conversación. De hecho, en una carta describiendo la escena, ella comentó, «Tenerme allí presente era como tener presente a un perro que había sido entrenado para decir unas pocas palabras, pero que, superado por la ineptitud, las hubiera olvidado». Cuando avanzaba la noche, la conversación se desvió a la Eucaristía, y Mary McCarthy, que había nacido Católica pero se había alejado de la Iglesia, acotó que pensaba que la Eucaristía era un símbolo e «implicó que era uno muy muy bueno». Ella tuvo la intención, indudablemente, de realizar esta observación condescendiente como una recepción amistosa a la Católica O'Connor. Pero O'Connor respondió con una voz temblorosa, «Bueno, si es un símbolo, al diablo con ella». Uno sólo puede imaginar que la elegante cena de fiesta se desintegró bastante rápido luego de que soltara esa bomba coloquial. Por su franqueza, claridad y sinceridad, la acotación de Flannery O'Connor es una de las mejores afirmaciones de la diferencia Católica respecto a la Eucaristía. Para los Católicos, la Eucaristía *es* el Cuerpo y Sangre de Jesús, y cualquier intento de decir otra cosa, sin importar que sea inteligentemente formulado o deficientemente articulado, es insuficiente.

El agudo comentario de O'Connor refleja lo que la Iglesia Católica refiere en sus afirmaciones doctrinales como la «Presencia Real» de Cristo en la Eucaristía. Tal como señalaron los padres del Vaticano II, Cristo está efectivamente presente en una variedad de formas —en la inteligibilidad misma del universo, en la asamblea congregada en la Misa, en la lectura de las Escrituras, en la persona del sacerdote— pero él está presente «real, verdadera y substancialmente», esto es, presente de un modo cualitativamente diferente, en los elementos de la Eucaristía. En la Edad Media, Tomás de Aquino dio voz a la misma convicción cuando dijo que mientras que el poder (*virtus*) de Cristo está operativo en los otros sacramentos, Cristo mismo (*ipse Christus*) está presente en el sacramento del altar. O'Connor, Aquino y los padres del Vaticano II están señalando que el entretejido de comida y sacrificio en la Eucaristía se hace posible por la densa objetividad de lo que se está ofreciendo allí. Si la presencia de Cristo en la Eucaristía es sólo simbólica, entonces el sacrificio es mitigado, la comunión es comprometida. En una palabra, la Presencia Real es el pegamento que mantiene unido los elementos que hemos estado considerando. Pero, ¿qué significa precisamente esta «Presencia Real», y cuál es el fundamento para sostenerla? Una vez más, me gustaría contestar a estas preguntas desde un marco bíblico.

EL ESCÁNDALO DE JUAN 6

Mencioné anteriormente que los cuatro Evangelios contienen un relato de la multiplicación de los panes y peces. La versión de San Juan de esta historia se encuentra en el sexto capítulo de este Evangelio. En su reseña, inmediatamente después de realizar el milagro, Jesús huyó a una montaña y luego cruzó el Mar de Galilea, perseguido por una multitud ansiosa de ver más milagros y de convertir al obrador de milagros en un rey. Finalmente, lo localizaron en la sinagoga del pueblo costero de Cafarnaún, y allí se sucedió un diálogo notable. De muchas maneras, la Doctrina Católica sobre la Presencia Real fluye desde y regresa continuamente a esta conversación. Por ello, debemos prestarle atención con particular interés.

Cuando le preguntan a Jesús cómo ha llegado allí antes que ellos, el Señor los reprende: «Les aseguro que ustedes me buscan, no porque vieron signos, sino porque han comido pan hasta saciarse. Trabajen, no por el alimento perecedero, sino por el que permanece hasta la Vida eterna» (Jn 6, 26-27). El pan común satisface sólo el anhelo físico, y lo hace de un modo transitorio: uno come y pronto debe comer nuevamente. Pero el pan celestial, insinúa

Jesús, satisface el anhelo más profundo del corazón, y lo hace adecuando al que lo come a la vida eterna. Los Padres de la Iglesia adoraban meditar sobre este tema de la divinización a través de la Eucaristía, el proceso por el cual el consumir el pan de vida prepara la vida de uno para la dimensión eterna. En la versión del Padrenuestro que se encuentra en los Evangelios sinópticos, encontramos la frase *ton arton . . . ton epiousion*, habitualmente traducida como «pan de cada día». Pero el sentido literal del griego es algo como «pan supersubstancial», designando, no tanto el pan común que consumen los humanos, sino el pan apto para un ámbito más elevado de existencia.

Como es a menudo el caso en el Evangelio de Juan, una pregunta escéptica abre paso a una comprensión más honda: «Y volvieron a preguntarle: "¿Qué signos haces para que veamos y creamos en ti? . . . Nuestros padres comieron el maná en el desierto"» (Jn 6, 30-31). Se estaban refiriendo, por supuesto, al milagro por el cual Yahweh alimentó a los hijos de Israel durante sus cuarenta años de deambular en el desierto, pero Jesús quiere que comprendan que él está ofreciendo una comida que los alimentará de un modo más duradero. «Sus padres, en el desierto, comieron el maná y murieron. Pero este es el pan que desciende del cielo, para que aquel que lo coma no muera» (Jn 6, 49-50). «Pan celestial» captura mucho de la paradoja de la enseñanza ortodoxa sobre la Eucaristía: aunque permanece, al menos como puede percibirlo la vista, pan común, la Eucaristía de hecho participa propiamente en un modo trascendente de existencia y posee, en consecuencia, el poder de producir vida eterna. En la siguiente observación de Jesús, vemos precisamente por qué el pan celestial tiene esta virtud: «Yo soy el pan vivo bajado del cielo. El que coma de este pan vivirá eternamente, y el pan que yo daré es mi carne para la Vida del mundo» (Jn 6, 51). Vemos aquí de nuevo el realismo obstinado sobre el que insistirá la tradición Católica. Jesús se identifica a sí mismo sin ambigüedades con este pan que alimentará a su pueblo para la vida eterna.

Lo que sigue es una de las frases que de modo hermoso es más subestimada en el Evangelio de Juan: «Los judíos discutían entre sí, diciendo: "¿Cómo este hombre puede darnos a comer su carne?"» (Jn 6, 52). Digo que es «subestimada», porque el término «discutían» apenas insinúa la intensidad de las objeciones que deben haberse presentado desde la multitud a partir de las palabras de Jesús. Deben haber encontrado este discurso no sólo intelectual y religiosamente problemático, sino —si puedo expresarlo con franqueza— repugnante. A lo largo del Antiguo Testamento, podemos encontrar numerosas prohibiciones explícitas contra la ingesta de carne y sangre. Por ejemplo, en el libro del Génesis, en el contexto de la historia de Noé, encontramos esta directiva divina: «Todo lo que se mueve y tiene vida les servirá de alimento; yo les doy todo eso como antes les di los vegetales. Sólo se abstendrán de comer la carne con su vida, es decir, con su sangre» (Gn 9, 3-4). La idea aquí es que, ya que la sangre es el principio vital que pertenece solo a Dios, no debe ser sometida al control de los seres humanos. Encontramos la misma prohibición entre los decretos legales en los libros de Levítico y Deuteronomio: «Este es un decreto irrevocable a lo largo de las generaciones, en cualquier parte donde ustedes vivan: no deberán comer grasa ni sangre» (Lv. 3, 17), y «Sólo tendrás que abstenerte de comer la sangre, porque la sangre es la vida, y tú no debes comer la vida junto con la carne» (Dt 12, 23). Más aún, en su visión del juicio apocalíptico, el profeta Ezequiel habla de aves carroñeras que se abatirán sobre los enemigos de Israel y comerán su carne y beberán su sangre: «comerán la carne de guerreros valerosos y beberán la sangre de príncipes de la tierra . . . Comerán grasa hasta saciarse, beberán sangre hasta embriagarse» (Ez 39, 18-19). Finalmente, un dicho popular arameo de la época de Jesús identificaba al diablo como el que «comía carne». Si las prohibiciones que hemos repasado tienen que ver con el consumo de carne con sangre de animales, cuánto más ofensivas deben haber sido las palabras de Jesús, que animaban a comer su propia carne humana. De allí la reacción visceralmente negativa de la audiencia de Jesús.

Si Jesús, por lo tanto, hubiera querido suavizar su enseñanza, colocarla dentro de un contexto interpretativo más amplio, insistir sobre el sentido metafórico o simbólico de las palabras que estaba usando, esta hubiera sido la oportunidad perfecta. Como mencioné, las preguntas escépticas de sus interlocutores son a menudo la ocasión, en el Evangelio de Juan, para que Jesús clarifique el significado de sus declaraciones. Un muy buen ejemplo es su explicación simbólica del sentido de «renacer de lo alto» cuando se enfrentó con la pregunta en sentido literal de Nicodemo, «¿Acaso puede entrar por segunda vez en el seno de su madre y volver a nacer?» (Jn 3, 3-5).

Pero en este caso, Jesús no espiritualizó su retórica; sino todo lo contrario. Dijo, «Les aseguro que, si no comen la carne del Hijo del hombre y no beben su sangre, no tendrán Vida en ustedes» (Jn 5, 53). Detrás del término «comen» en esta oración no aparece la palabra griega que podríamos esperar, *phagein*, que significa comer en el sentido ordinario. El término que se utiliza es *trogein*, que era empleado típicamente para comunicar la forma en que los animales consumen su alimento; podría traducirse como «roer» o «masticar». Por consiguiente, si estaban preocupados por los repugnantes matices animalísticos, los fastidió más a propósito. Y en caso de que aún no captaran el significado, agregó, «Porque mi carne es la verdadera comida y mi sangre, la verdadera bebida» (Jn 6, 55).

Luego revela la conclusión crucial de toda esta conversación francamente realista: «El que come mi carne y bebe mi sangre permanece en mí y yo en él. Así como yo, que he sido enviado por el Padre que tiene Vida, vivo por el Padre, de la misma manera, el que me come vivirá por mí» (Jn 6, 56-57). Para los Cristianos, Jesús no es simplemente un maestro sabio por cuyas palabras uno vive (como Confucio) o un modelo ético que uno podría luchar por seguir (como Ghandi o San Francisco) o inclusive un mensajero de la revelación final por quien alguien podría sentirse obligado (como Mahoma); en cambio, Jesús es un poder en el cual participamos, un campo de fuerza en el cual vivimos, nos movemos y existimos. En esta metáfora maestra, San Pablo habla del Cuerpo de Jesús del cual las personas bautizadas son miembros. La retórica que recién hemos citado implica una relación intensamente orgánica entre el Padre, Jesús y la Iglesia, la tercera obtiene su vida del segundo quien obtiene su vida del primero. Debemos comer la Carne y beber la Sangre del Señor porque ese es el modo en que llegamos a participar en él, y así, finalmente, en la vida del Padre. En ningún otro lado del Evangelio de Juan encontramos un lenguaje tan lleno de vida: somos más que seguidores de Jesús; estamos injertados en él como ramas en una vid. La primerísima teología de la Eucaristía se encuentra en la Primera Carta de Pablo a los Corintios, escrita probablemente a principios de los cincuenta del primer siglo, y presenta claramente esta cualidad orgánica, participativa. Pablo habla de la identificación intensa que se alcanza entre Jesús y su Iglesia precisamente a través de la Eucaristía: «La copa de bendición que bendecimos, ¿no es acaso comunión con la Sangre de Cristo? Y el pan que partimos, ¿no es comunión con el Cuerpo de Cristo?» (1 Cor 10, 16). El evocador término detrás de «comunión» es *koinonia*, que significa participación mística.

¿Es esta una doctrina dura? Al término del discurso Eucarístico, pronunciado en la sinagoga de Cafarnaún, Jesús prácticamente perdió a su Iglesia entera: «Después de oírlo, muchos de sus discípulos decían: "¡Es duro este lenguaje! ¿Quién puede escucharlo?"» (Jn 6, 60). Nuevamente, si él hubiera estado hablando a un nivel simbólico, ¿por qué esta teología sería dura de aceptar? Nadie lo dejó cuando él señaló que era la vid o el buen pastor o la luz del mundo, porque esas eran claramente sólo acotaciones metafóricas y no generaron, por consiguiente, ningún gran desafío intelectual. La gran resistencia de sus discípulos al discurso del pan de vida implica que comprendieron muy bien a Jesús y captaron que estaba haciendo un tipo de afirmación cualitativamente diferente. Incapaces de asimilar la enseñanza de la Eucaristía, «muchos de sus discípulos se alejaron de él» (Jn 6, 67). Jesús luego se volvió a su círculo íntimo, los Doce, y les preguntó, con bastante franqueza: «¿También ustedes quieren irse?» (Jn 6, 67). Hay algo terrible y revelador en esa pregunta, como si Jesús estuviera planteándolo no sólo a la pequeña pandilla reunida alrededor de él en Cafarnaún, sino a todos sus posibles discípulos a lo largo de los tiempos. Uno siente que estamos aquí haciendo equilibrio sobre un punto de quiebre, que se ha alcanzado un punto de inflexión, que de alguna manera, ser un discípulo de Jesús está íntimamente ligado con cómo uno se posiciona frente a la Eucaristía. En respuesta a la pregunta de Jesús, Pedro, como es el caso a menudo en los Evangelios, habla por el grupo: «Señor, ¿a quién iremos? Tú tienes palabras de Vida eterna. Nosotros hemos creído y sabemos que eres el Santo de Dios» (Jn 6, 68-69). Como en los Evangelios sinópticos, aquí en Juan, es una confesión Petrina que fundamenta y garantiza la supervivencia de la Iglesia. En el contexto Joánico, esta confesión explícita de Jesús como el Santo de Dios está atada con la confesión implícita de fe en la Eucaristía como verdadero Cuerpo y Sangre del Señor. Cuando las dos declaraciones son realizadas en tándem, nos está diciendo Juan, la Iglesia perdura. A la luz de esta escena, es ciertamente fascinante señalar cuán a menudo la Iglesia se ha dividido precisamente por esta cuestión de la Presencia Real.

EL TESTIMONIO DE LOS PADRES DE LA IGLESIA Y LA DISCUSIÓN CON BERENGARIO

Los grandes teólogos de los primeros siglos de la vida de la Iglesia escribieron frecuentemente sobre la Eucaristía, pero no de un modo sistemático. No encontramos tratados dedicados precisamente al misterio Eucarístico hasta los inicios de la Edad Media. Pero si prestamos atención a las numerosas citas, diseminadas aquí y allá en los escritos de los Padres, se destacan un número de temas centrales, incluyendo alianza, comida y sacrificio. Y encontraremos también —aunque nuevamente, sin estar articulados de un modo matizado— afirmaciones de la Presencia Real. Haciéndose eco del tema central del capítulo sexto de Juan, Ignacio de Antioquía, escribió a sus compañeros Cristianos alrededor del año 107. Mientras estaba viajando hacia su propia ejecución, habló de la Eucaristía como el pan que confiere la vida eterna: «medicina de inmortalidad». Si Ignacio hubiera pensado que la Eucaristía era pan ordinario, que portaba sólo un valor simbólico, apenas habría imaginado que poseía tal poder transformador. En su *Carta a los Romanos*, además, Ignacio dice, «Deseo el pan de Dios, el pan celestial, el pan de vida, que es la carne de Jesucristo, el Hijo de Dios . . . y deseo la bebida de Dios, su sangre, que es amor incorruptible y vida eterna». Nuevamente, es difícil de imaginar que tal lenguaje apasionado pudiera ser usado para algo que

Ignacio consideraba meramente un signo convencional. Alrededor del año 150, Justino Mártir, escribió un relato conmovedor acerca de lo que los Cristianos hacen en su culto dominical. En el contexto de esa descripción, dijo esto de la Eucaristía: «este alimento es llamado entre nosotros Εὐχαριστία [Eucaristía], y a nadie es lícito participar del mismo, sino al que crea que son verdaderas las cosas que enseñamos . . . Aquel alimento sobre el cual se ha hecho la acción de gracias por la oración que contiene las palabras del mismo . . . es la carne y la sangre de aquel Jesús encarnado». Justino repite también la insistencia de Ignacio sobre que la Eucaristía, precisamente como el Cuerpo y la Sangre del Señor, inmortaliza a aquel que la recibe.

Otro de los primeros testigos de la Presencia Real es San Ireneo, un estudiante de Policarpo de Esmirna, quien se convirtió en el obispo de Lyon y que murió, probablemente como mártir, en 202. Los principales opositores intelectuales de Ireneo fueron los Gnósticos de quienes hablé en el capítulo inicial. Una de las notas de su sistema dualista era, recordemos, un desdén por la materia. Por consiguiente, Ireneo colocó un gran acento sobre la realidad corporal de la Encarnación y, por extensión, de la Eucaristía. En el cuarto libro de su obra maestra *Contra las Herejías*, Ireneo combina magníficamente las dos creencias y consigue refutar a los Gnósticos en una pregunta retórica hábilmente elaborada: «¿Cómo les constará que el pan sobre el que se han dado gracias, es el cuerpo de su Señor, y el cáliz de su sangre, si no creen en el Hijo del Demiurgo del mundo, es decir, en su Verbo, por el cual "el árbol da fruto, las fuentes manan y la tierra da primero el tallo, después de un poco la espiga, y por fin el trigo lleno en la espiga" (Mc 4, 27-28)?». Para nuestro propósito, lo que es destacable aquí es la afirmación clara e inequívoca de que la densa realidad del Cuerpo y Sangre de Cristo en la Eucaristía es una prolongación sacramental de la igualmente densa realidad física de la Encarnación.

Orígenes de Alejandría fue un más joven contemporáneo de Ireneo y el teólogo bíblico más grande de su tiempo. Residiendo en Alejandría y Palestina, produjo un número impactante de comentarios, tratados y sermones, todos centrados alrededor de la Palabra de Dios. Intentando comunicar algo de su enorme reverencia por las Escrituras, Orígenes utilizó una comparación que, en referencia a la cuestión bajo consideración, es extremadamente reveladora. Les dijo a los que lo escuchaban: «Ustedes que están acostumbrados a tomar parte en los divinos misterios saben, cuando reciben el cuerpo del Señor, cómo protegerlo con todo cuidado y veneración por temor a que cualquier pequeña parte de él se caiga, por temor a que se pierda algo del don consagrado». Del mismo modo, los insta a que se esfuercen en conservar y reverenciar cada palabra del texto revelado. Si Orígenes y su comunidad sostuvieran que el pan Eucarístico no era nada más que un símbolo, ¿por qué habrían siquiera pensado en tratarlo con tan exagerado respeto? Y el hecho mismo de que esta práctica pudiera ser empleada tan despreocupadamente prueba, como punto de comparación, que la creencia en la Presencia Real era, incluso en los primeros períodos, totalmente dada por sentada.

Uno de los textos más preciosos que tenemos del período patrístico es una serie de charlas preparadas por Cirilo de Jerusalén. En estos sermones teológicamente ricos, Cirilo estaba intentando introducir a Cristianos recién bautizados a los misterios de la fe. Discurriendo sobre la Eucaristía, dirige la atención de los que lo escuchan a un texto de la Primera a los Corintos: «Lo que yo recibí del Señor, y a mi vez les he transmitido, es lo siguiente: El Señor Jesús, la noche en que fue entregado, tomó el pan, dio gracias, lo partió y dijo: «Esto es mi Cuerpo, que se entrega por ustedes» . . . De la misma manera, después de cenar, tomó la copa, diciendo: «Esta copa es la Nueva Alianza que se sella con mi Sangre» (1 Cor 11, 23-25)». Cirilo comenta, enfatizando la naturaleza orgánica de la participación Eucarística: «La enseñanza del bienaventurado Pablo es suficiente para darles completa seguridad en lo que concierne a esos Divinos Misterios, que por haberlos juzgados valiosos, ustedes se han convertido en el mismo cuerpo y sangre con Cristo». Y para que no haya ninguna ambigüedad, agrega, «Ya que [Cristo] ha afirmado él mismo y ha dicho, esta es mi Sangre, ¿Quién tendrá alguna vez la duda de que no es su Sangre?».

En el siglo cuarto, San Ambrosio de Milán agregó su voz al coro. Para aquellos que querían saber sobre la realidad de la presencia corporal de Cristo en la Eucaristía, dijo, «Este cuerpo que producimos sobre el altar es el cuerpo nacido de la Virgen» y a aquellos que preguntaban por la verdad de la transformación Eucarística, les dijo, «Este pan es pan antes de las palabras sacramentales; cuando interviene la consagración, de pan pasa a ser carne de Cristo». San Juan

Crisóstomo, el elocuente obispo de Constantinopla del siglo IV, llevó entre sus títulos el de «Doctor Eucarístico», ya que escribió muy frecuente y apasionadamente sobre el misterio del Cuerpo y Sangre de Cristo. En una de sus homilías, observa sobre el poder necesario para poder llevar a cabo la transformación Eucarística: «No es un hombre quien hace que las ofrendas se conviertan en el cuerpo y en la sangre de Cristo, sino ciertamente Cristo mismo crucificado por nosotros. Allí está el sacerdote que lo representa y pronuncia las solemnes palabras, pero el poder y la gracia de Dios son las que operan». Si Crisóstomo y Ambrosio consideraban la Eucaristía como una representación meramente simbólica del Cuerpo y Sangre de Jesús, nunca habrían insistido en la necesidad del poder divino en las palabras de la consagración. No hay razón además para que un ser humano común no pudiera provocar una nueva situación simbólica: los escritores, poetas y artistas lo hacen todo el tiempo. Así, sus alusiones al poder de la gracia de Dios en y a través de las palabras de la consagración son una indicación indirecta de que ellos creían que algo mucho más que meramente simbólico estaba en juego en la Eucaristía.

Y el más grande de los Padres de Occidente, San Agustín de Hipona, sostuvo también la densa objetividad de la presencia Eucarística de Cristo. En la línea de Orígenes, Ambrosio, Crisóstomo y otros, Agustín afirma que las palabras de la consagración de Jesús tienen un poder transformativo, por lo que cuando son pronunciadas sobre el pan y el vino en Misa, tiene lugar un cambio muy real. En una de sus homilías, comenta, «Lo que veis, queridos hermanos, en la mesa del Señor es pan y vino, pero este pan y este vino, al añadírseles la palabra, se convierten en cuerpo y sangre de Cristo. Si quitas la palabra, es pan y vino; añades la palabra, y ya son otra cosa. Y esta otra cosa es el cuerpo y la sangre de Cristo». Una vez más, esta clase de retórica es incompatible con la visión de que el cambio Eucarístico es meramente figurado, porque nadie piensa que la constitución ontológica de un objeto muta cuando un significado simbólico se añade a él. Esto es precisamente lo que Agustín y sus antepasados ciertamente sostuvieron.

Este consenso patrístico sobre la Presencia Real emergió en el curso de varios siglos, pero nunca durante este período ninguno de los eruditos del Cristianismo pensó empeñarse en explicar el «cómo» del cambio Eucarístico, más allá de la insistencia de que la palabra de Cristo era su condición necesaria. Pero durante el período carolingio, cuando el centro de gravedad intelectual Cristiano se desplazó hacia el norte y el oeste, los teólogos comenzaron a plantear preguntas más técnicas sobre la Eucaristía e intentaron afirmar en un lenguaje más adecuado filosóficamente lo que sucede cuando Cristo se vuelve realmente presente en los elementos en Misa. Algunos académicos, en años recientes, se han quejado sobre ese desarrollo, viéndolo como un descenso a un carácter físico meticuloso, y han abogado, consecuentemente, por un regreso a un abordaje más poético y lírico de la Biblia y de los Padres. Pero esto, pienso yo, es un error, porque el movimiento intelectual desde el «qué» y el «por qué» al «cómo» es natural, y por consiguiente aún si quisiéramos desandarlo, no podríamos. Y, de hecho, la exploración de la dimensión más «técnica» de la Eucaristía, cuando se emprende en el espíritu correcto, preserva más que socava el misterio del sacramento.

El debate Eucarístico más importante de este período se centró alrededor de la obra de Berengario de Tours, un teólogo del siglo XI. Como muchos de los otros intelectuales de la época, Berengario estaba fascinado por la gramática y por las propiedades lógicas de los términos, y planteó una simple pero penetrante objeción lógica a la creencia de la Presencia Real de Jesús en la Eucaristía. Berengario afirmó que existe una diferencia esencial entre el cuerpo histórico de Jesús, nacido de la Virgen y reinando ahora en el cielo, y el «cuerpo» que aparece sacramentalmente en el altar. Este último debe ser, estimó él, cierta clase de símbolo o figura del anterior, ya que el cuerpo celestial de Jesús está más allá del cambio o la corrupción, mientras que los elementos Eucarísticos son, como es obvio, cambiados y corrompidos a través del tiempo. Un *locus* de las Escrituras para Berengario es la afirmación Paulina de que «Por eso nosotros, de ahora en adelante, ya no conocemos a nadie con criterios puramente humanos; y si conocimos a Cristo de esa manera, ya no lo conocemos más así» (2 Cor 5, 16). En su propio comentario sobre este pasaje, Berengario dijo que las palabras del Apóstol eran una refutación «para cualquiera que dijera: «El pan empírico [*sensualis*] consagrado sobre el altar es, luego de la consagración, verdaderamente el cuerpo de Cristo que existe arriba»». Y por lo tanto, cuando el sacerdote en Misa dice *hoc este nim corpus meum* (esto es mi cuerpo), el *hoc* en cuestión permanece pan, pero se le adiciona un significado o poder (*virtus*) espiritual, haciéndolo un signo eficaz del cuerpo de Jesús. Uno podría decir que el pan y el vino son verdaderamente el cuerpo y sangre de Cristo en el sentido de que el Cristo resucitado es ofrecido espiritualmente al que lo recibe a través de ellos.

Gramaticalmente, el argumento de Berengario es interesante. En cualquier cambio, debe haber un substrato —esto es, algo que permanezca estable a lo largo de la transición: es la persona misma, por ejemplo, que permanece siendo la misma incluso aunque se ponga camisas diferentes. Lo que señala Berengario es que, si los elementos Eucarísticos dejan de existir en la consagración, no es posible de hecho un cambio real. El *hoc* (esto) en la fórmula del sacerdote requiere, por lo tanto, la permanencia del pan y del vino. Cuando dice, además, que una virtud o poder espiritual se agrega a los elementos, Berengario anticipa por varias centurias el trabajo de Martín Lutero. El gran reformador argumentará que el cuerpo de Cristo llega a existir junto al pan y la sangre de Cristo junto al vino, entonces ni el pan ni el vino se desvanecen de la existencia o se convierten en algo esencialmente diferente en la consagración. Berengario, como Lutero luego de él, siente que puede tener en cuenta las afirmaciones densamente realistas de la Biblia y de los Padres, ya que «todo lo que se diga que es cierto espiritualmente, en verdad es cierto». Uno tiene que admitir, creo yo, que hay algo atractivo en la claridad y simplicidad de la presentación de Berengario de la Eucaristía. Toma el cambio Eucarístico seriamente sin mistificarlo; sitúa esta transición sacramental dentro del contexto familiar del cambio simbólico, alineándolo con otras instancias de nuestra experiencia ordinaria. La duda que nos acucia cuando consideramos la doctrina de la Presencia *Real* es en gran medida aplacada a través de la asistencia intelectual de Berengario.

Sin embargo, la teoría de Berengario se encontró inmediatamente con una oposición enérgica. Uno de sus críticos más articulados fue Lanfranco de Canterbury, un abad Benedictino y mentor de San Anselmo de Canterbury. Apoyándose en Juan 6 y sobre el firme testimonio de los Padres, Lanfranco sostuvo que el abordaje de Berengario era demasiado subjetivista, demasiado displicente acerca de la *realidad* del cambio Eucarístico. Cuando la controversia entre Berengario y Lanfranco comenzó a perturbar mucho a la Iglesia, el Papa Nicolás II convocó a un sínodo en 1059. Al final de las deliberaciones, la teología de Berengario fue condenada, y él mismo fue forzado a firmar una retractación y consentir la quema de sus libros. Como parte de su retractación, fue forzado a admitir que «el pan y el vino que se colocan sobre el altar son luego de la consagración no sólo un sacramento sino también el verdadero cuerpo y sangre de nuestro Señor Jesucristo». Este, como hemos estado sugiriendo, era el punto neurálgico. Los padres sinodales reconocieron que en la consagración ocurre un cambio tan dramático y riguroso que sería incorrecto referirse a los elementos posteriormente como «pan y vino». La explicación simbólica de Berengario no expresaba suficientemente esta transformación radicalmente objetiva. También insistieron que en la Eucaristía existe algo «más» que en los otros sacramentos. Uno podría argumentar, ellos dieron a entender, que Berengario presentó una explicación válida de la presencia de Jesús en los sacramentos del Bautismo, Confirmación, la Unción de los Enfermos, etc., en los cuales se agrega un poder espiritual al elemento físico. El juramento que Berengario fue obligado a tomar reflejó la intuición de la Iglesia de que algo cualitativamente diferente está en juego en la Eucaristía, una presencia en un nivel substancialmente diferente de intensidad. Más aún, la teoría de Berengario no pudo explicar la diferencia esencial entre la Eucaristía y el amplio rango de signos simbólicos de la revelación del Antiguo Testamento, desde el templo hasta el sacrificio cultual y el rito sacerdotal.

Ahora bien, hubo más en el juramento que Berengario fue obligado a prometer, y pone incluso en la actualidad bastante incómodos a los oponentes de Berengario: «El pan y el vino . . . son el verdadero cuerpo y sangre de nuestro Señor Jesucristo y . . . son tomados y partidos por las manos del sacerdote y triturados por los dientes de los fieles». La franca, incluso vulgar, el carácter físico de esta fórmula parece una sobre corrección a la teoría muy subjetivista de Berengario, acercándonos a una interpretación casi canibalística de la comida Eucarística. De hecho, en polémicas posteriores, la visión extrema representada por el juramento anti-Berengariano será caracterizada de «Cafarnaíta» porque la gente en la sinagoga de Cafarnaún descrita en Juan 6 reaccionó contra la repugnante idea física de «comer» la carne de Jesús. La tensión entre la lectura excesivamente subjetivista de Berengario y la interpretación excesivamente objetivista de sus oponentes establece los polos entre los cuales la tradición subsiguiente intentará negociar en la articulación del misterio Eucarístico. Ahora, ¿qué propusieron los oponentes de Berengario precisamente como explicación alternativa de la Presencia Real? Cuando consultamos las obras de Lanfranco, encontramos el primer intento de explicar la presencia de Cristo en los elementos Eucarísticos a través de los conceptos de «substancia» y «accidente» encontrados en la filosofía de Aristóteles. En sus *Categorías*, copias del cual estaban presentes en varias de las bibliotecas monásticas más importantes del siglo XI, Aristóteles argumentó que la realidad metafísica más básica es la substancia primaria, un substrato inteligible que subyace «debajo» de los diferentes accidentes de color, forma, tamaño, posición y que por lo tanto lo clasifican. Así, un caballo (substancia) es grande, marrón, corre, está delante de otros caballos, etc. (sus accidentes). La concisa definición de Aristóteles de los dos términos es la siguiente: una substancia es algo que existe de forma separada y algo determinado, mientras que accidente es aquello que o está presente o es predicable en otro. Armado con esta perspectiva Aristotélica, Lanfranco pudo darle cierto sentido al cambio Eucarístico. Mientras las cualidades secundarias del pan y vino —color, forma, tamaño, aroma— permanecen inalteradas, sus substancias subyacentes y esencialmente invisibles, son transformadas en el Cuerpo y Sangre de Cristo. Esta innovación conceptual permitió a los oponentes de Berengario desplazarse más allá de la interpretación puramente figurativa sin abrazar una lectura rudimentaria de carácter físico.

Este debate del siglo XI influenció eventualmente la enseñanza oficial de la Iglesia Católica. En 1202, el Papa Inocencio III —ciertamente el pontífice más relevante de la Edad Media— utilizó el término «transubstanciación» por primera vez en un documento eclesiástico oficial, para hablar del uso del agua y del vino en la Eucaristía. Observó que algunos sostienen que el agua es *transsubstantiatur in sanguinem* (transubstanciada en sangre) en el proceso de la consagración. Lo que es intrigante es el modo informal en que el papa usó esta palabra, indicando que ya era lenguaje común. Luego, en el IV Concilio de Letrán, que tuvo lugar sólo trece años después, el término es empleado, pero de nuevo de una manera casi informal, dado por sentado: «Su cuerpo y sangre [de Jesucristo] están verdaderamente contenidos en el sacramento del altar bajo las formas de pan y vino, habiendo sido transubstanciados el pan y el vino, por el poder de Dios, en su cuerpo y su sangre». Indefinido y relegado a una posición dentro de una cláusula subordinada, el término está obviamente, para esta época, aceptado generalmente como un modo común de hablar sobre el cambio Eucarístico. Pero hay aquí también algo más. Esta gran vaguedad y falta de definición será característica del uso eclesial oficial del término desde este punto en adelante, ya que la Iglesia nunca quiso identificarse muy marcadamente con una posición o forma de explicación filosófica particular. Aunque utilizará consistentemente una palabra marcada por la filosofía Aristotélica, la Iglesia no se ata de ninguna manera por consiguiente a la metafísica aristotélica en la articulación de su fe Eucarística.

LA TEOLOGÍA EUCARÍSTICA DE
TOMÁS DE AQUINO

Tomás de Aquino, llamado «doctor común» de la Iglesia Católica, un teólogo Dominico del siglo XIII, nacido justo diez años después del IV Concilio de Letrán, escribió extensa e intensivamente sobre el misterio Eucarístico. Pero la Eucaristía fue, para Aquino, mucho más que un mero tema de interés académico; fue el centro de su vida espiritual. Tomás típicamente celebraba Misa cada día y luego asistía a otra Misa inmediatamente después. Rara vez, según narran sus contemporáneos, terminaba la liturgia sin lágrimas, siendo tan grande su identificación con el Misterio Pascual que tenía lugar. Cuando estaba luchando con alguna cuestión intelectual particularmente espinosa, rezaba frente al Santísimo Sacramento, con frecuencia reposando su cabeza sobre el tabernáculo mismo, rogando por inspiración. Bajo la indicación del Papa Urbano VIII, Tomás compuso una serie magnífica de poemas e himnos para la recientemente instituida Fiesta de Corpus Christi, muchos de los cuales son usados ampliamente todavía en la liturgia Católica. Finalmente, uno de los acontecimientos más misteriosos en la vida de Aquino estuvo centrado en la Eucaristía. Luego de haber completado su largo tratado de la Eucaristía en la *Summa theologiae*, Tomás, todavía inseguro de si había hablado en forma correcta o incluso adecuada del sacramento, depositó el texto a los pies del crucifijo y comenzó a orar. De acuerdo con una leyenda muy famosa, una voz surgió de la cruz, «Tomás, has escrito bien de Mí. ¿Qué recompensa quieres?» A lo que Tomás replicó: «*Non nisi te, Domine*» (Nada más que a ti, Señor).

En esta sección, me gustaría estudiar con cierto detalle ese tratado que Aquino colocó frente al Señor, porque de muchas formas resume y expresa incisivamente la tradición que hemos estado revisando, y se convierte en una piedra angular para mucha de la Teología Católica que lo siguió. Constituye las cuestiones 73-83 de la tercera parte de la *Summa theologiae*, la obra maestra del final de la carrera de Tomás. Pero para comprender adecuadamente su tratado sobre el sacramento clave, debemos dar un vistazo, aunque sea breve, a las cuestiones 60-63, que tratan sobre la naturaleza de un sacramento en general. Los sacramentos, nos dice Aquino, son tipos de signos, ya que señalan a algo que yace más allá de ellos —esto es, el poder sagrado que fluye de la Pasión de Cristo. Están compuestos de un elemento material —aceite, agua, pan, vino, etc.— y un elemento formal, materializado en las palabras que lo acompañan. Así, el Bautismo es un signo sagrado que involucra el derramamiento de agua y la pronunciación de las palabras «Yo te bautizo en el nombre del Padre, y del Hijo y del Espíritu Santo», palabras que puntualizan el poder sagrado de Cristo que opera en y a través del agua. Podemos ver, por lo tanto, que los sacramentos no son sólo signos de la gracia, sino verdaderamente causas instrumentales de la gracia. En el escueto lenguaje de Tomás: «Causan lo que significan». La energía salvífica de Cristo fluye, como si fuera, a través de estos signos sagrados, de forma parecida a la que el poder de los constructores fluye a través de la sierra que utilizan o la autoridad del general se pone de manifiesto en los soldados que comanda.

Con ese contexto general en mente, podemos pasar ahora a las cuestiones que tratan específicamente sobre la Eucaristía. En el primer artículo de la cuestión 73, Tomás plantea la pregunta directa de si la Eucaristía debería ser llamada un sacramento. Su respuesta en gran medida sitúa a la Eucaristía dentro del contexto del banquete sagrado. Todos los sacramentos, dice él, están diseñados para colocar la vida espiritual dentro de los seres humanos, y la vida espiritual se ajusta simbólicamente a la vida corporal. Así, tal como se requiere comida y bebida para el sustento de la vida biológica, la Eucaristía es necesaria para el sustento de la vida de gracia. Precisamente como *spirituale alimentum* (alimento espiritual), la Eucaristía es situada por consiguiente en el género de los sacramentos. Por ella, el poder de la muerte y Resurrección de Cristo fluye hacia adentro nuestro como el alimento en el sistema digestivo. Comentando sobre el uso del término *communio* (comunión) en referencia a la Eucaristía, Tomás dice que a través del sacramento comulgamos con Cristo, participando en su carne y divinidad, y en la medida en que participamos de Cristo, comulgamos el uno con el otro a través de él. No puedo imaginar un resumen más sucinto del tema de la comida sagrada.

En la cuestión 75, Aquino trae a colación el tema del modo de la Presencia Real de Cristo en la Eucaristía. La complejidad y exhaustividad de su tratamiento muestra que este asunto, por sobre todos, preocupaba a los mayores teólogos medievales. El artículo 1 de la cuestión

75 plantea el tema central con suficiente franqueza: «En este sacramento, ¿está el cuerpo de Cristo en verdad, sólo en figura o como signo?». Ocupémonos de la respuesta de Tomás con cierto cuidado. Primero observa que los verdaderos Cuerpo y Sangre (*verum corpus Christi et sanguinem*) están en el sacramento Eucarístico pero no de un modo en que puedan ser captados por los sentidos; son «visibles» sólo a través de la fe, la cual se apoya sobre la autoridad divina. Recordamos que muchos de los Padres de la Iglesia enfatizaron la importancia de las *palabras* de Cristo en la determinación de la Presencia Real. Al acentuar nuestra fe en la autoridad de Jesús, Tomás de Aquino está planteando en gran medida el mismo punto. En su precioso himno «Adoro Te Devote», Aquino expresa esta idea en un estilo más poético: «Al juzgar de Ti, se equivocan la vista, el tacto, el gusto; pero basta el oído para creer con firmeza». A continuación, intenta mostrar cuan *conveniens* (conveniente) es que Cristo esté presente en este sacramento de un modo cualitativamente distinto que en los otros. Los sacrificios de la Antigua Ley eran, dice él, prefiguraciones del sacrificio final ofrecido en la cruz de Cristo; por lo tanto, se sigue que debería haber *aliquid plus* (algo más) en el sacrificio instituido por Jesús. Y este algo más es que la Eucaristía contiene *ipsum passum* (el mismo que sufrió) y no simplemente un signo o indicación de él. En otras palabras, si dijéramos que Jesús está meramente representado en la Eucaristía, el sacramento no sería, en un sentido cualitativo, mayor que cualquiera de los signos de la presencia de Dios descritos en el Antiguo Testamento o representados en los rituales del templo. Segundo, la

densa realidad de la presencia Eucarística de Cristo es concorde a la intensidad del amor de Jesús. Aristóteles dijo que el signo supremo de amistad es querer vivir junto con el amigo de uno, y esto es justamente lo que Jesús hace posible dándonos su mismo ser en la Eucaristía. La noche antes de morir, Jesús les dijo a sus discípulos, «Ya no los llamo servidores ... yo los llamo amigos» (Jn 15, 15). Tomás insinúa que la Presencia Real en la Eucaristía es el sello y garantía de esa amistad con todos los discípulos del Señor a lo largo de los tiempos.

Vale la pena examinar la tercera objeción a esta cuestión. El objetor afirma que nadie puede estar simultáneamente en muchos lugares. Pero el Cuerpo de Cristo está presente al mismo tiempo en muchos altares y en el cielo. Por lo tanto, la presencia de la que se habla en el contexto sacramental debe ser meramente un signo o una figura de la «real» en el cielo. En respuesta a este dilema —que regresa directamente a Berengario— Tomás realiza una distinción decisiva entre la presencia corporal de Cristo de acuerdo con su «especie propia» y aquella misma presencia corporal de acuerdo con las especies apropiadas al sacramento: una «especie sacramental». «Especie propia» es la jerga técnica para el aspecto común de algo. Así, en sus especies propias, Cristo es una persona encarnada de una altura, peso y color particulares, que existe «en» el cielo, aunque no estamos muy seguros cómo es esta existencia en un sistema dimensional trascendente. Pero este mismo Cristo encarnado también puede hacerse presente según una especie, o apariencia, que le es ajena, es decir, según un modo sacramental. A la luz de esta distinción, Aquino aclara que el cuerpo de Cristo no está en el sacramento de la Eucaristía en el modo en que un cuerpo está ordinariamente en un lugar, medido por sus dimensiones y delimitado por los contornos del espacio que ocupa. Y así, aunque podemos decir que el cuerpo de Cristo está en varios altares al mismo tiempo, no debemos decir que está en varios *lugares* al mismo tiempo, pues esto sería confundir los modos de presencia propios y sacramentales. En un estilo similar, Aquino especifica que no deberíamos hablar de llevar a todas partes el cuerpo de Cristo cuando hacemos una procesión con la Eucaristía o de recluir a Jesús cuando colocamos los elementos sacramentales en el tabernáculo. Hacer eso sería mezclar estos dos modos básicos de presencia. Y es por esto que Tomás y la corriente principal de la tradición Católica permanecen incómodos con la sección del juramento anti-Berengariano que habla de triturar el cuerpo de Cristo con los propios dientes. En el lenguaje más preciso de Aquino, cuando uno consume la Eucaristía, uno tritura los accidentes de pan con los dientes, no el cuerpo de Cristo, ya que Cristo está siendo recibido substancialmente pero de acuerdo con estas especies sacramentales, no sus especies propias.

Esta distinción ayuda a clarificar una duda quizás persistente. En el principio de su análisis, Tomás dijo que los sacramentos se encuentran en el género de signos. Entonces, si la Eucaristía es un sacramento, ¿por qué se opondría a caracterizarlo como un signo o figura del cuerpo de Cristo? Como vimos, un signo es lo que apunta más allá de sí mismo hacia algo más. Esto es verdad en la Eucaristía en la medida en que las especies sacramentales de Cristo señalan a Cristo en su especie propia; por lo tanto existe todavía un juego de presencia y ausencia en la Eucaristía. Sin embargo, este signo particular tiene la capacidad única de contener perfectamente (aunque oculta) a aquel hacia el cual apunta. Mientras que los otros sacramentos contienen sólo el poder de Cristo (como vimos), la Eucaristía contiene de un modo único a Cristo mismo, en la realidad entera de su presencia. Y por eso es el primero de los signos sacramentales.

Ahora bien, me doy cuenta de que mi lector podría estar todavía preguntándose cómo estas distinciones realmente *explican* algo. ¿Nos dicen *cómo* Cristo está realmente presente, cuando toda la evidencia sensible es que el pan y vino están todavía casi tremendamente allí? Aquino se dio cuenta de la relevancia de esas preguntas, y por esta razón, en el artículo 4 de la cuestión 75, hizo uso del lenguaje del IV Concilio de Letrán e intentó articular el cambio Eucarístico en términos de substancia y accidente. La pregunta específica que planteó fue la siguiente: si el pan podía convertirse en el cuerpo de Cristo. Habiendo negado, por razones obvias, que el cambio pudiera darse a través de cierta clase de movimiento ordinario (el pan yéndose y el cuerpo de Cristo llegando), Tomás afirma que el cambio tiene lugar a nivel de la substancia, ese substrato subyacente y esencialmente invisible que constituye la identidad más profunda de una cosa dada. Las substancias de pan y vino cambian en las substancias del Cuerpo y Sangre de Cristo, incluso cuando los accidentes (apariencias) de pan y vino permanecen. Este cambio, a diferencia de todo lo que ocurre en la naturaleza, se debe a la extraordinaria intensidad del poder divino, que puede alcanzar, tal como lo hace en el acto de creación, las raíces mismas de la realidad. El mismo Dios que hizo pan y vino de la nada y los sostiene en la existencia a cada momento puede transformar el centro ontológico más profundo de esas cosas en algo diferente. ¿Cómo explicamos entonces la permanencia de los accidentes, una vez que las substancias propias han sido cambiadas? Una vez más, Tomás invoca al poder divino. Aunque Dios típicamente sostiene los accidentes a través de sus propias substancias, él puede, para sus propios propósitos, suspender la causalidad secundaria y sostenerlos él directamente. Joseph Ratzinger (Papa Benedicto XVI) dijo que, en el cambio Eucarístico, el pan y el vino pierden su independencia como creaturas y se convierten, a través del poder de Dios, en signos puros de la presencia de Cristo. Ya no se señalan a ellos mismos de ningún modo relevante, porque se han convertido en totalmente transparentes para el Cristo que se manifiesta a sí mismo a través de ellos.

Si este tema de substancia y accidente parece todavía desconcertante, les sugeriría que traduzcamos los términos a los más directos «realidad» y «apariencia». Prácticamente la mayoría de los filósofos tanto del período clásico como del moderno realizan algún tipo de distinción entre lo que parece y lo que es. Y estamos familiarizados con esta delimitación en nuestra experiencia ordinaria. Para la mayoría de las cosas, apariencia y realidad coinciden («Si luce como un pato, camina como un pato, y grazna como un pato . . . »); pero hay muchas excepciones a esa regla, momentos en los que nos vemos obligados a decir, «Sé que luce de esa manera, pero las apariencias engañan». Cuando uno mira fijamente a la luna desde el punto de vista de un auto que avanza a toda velocidad, ciertamente puede parecer que la luna se está moviendo rápidamente a través del cielo, aunque sabemos que de hecho ese no es el caso. Si bien luce ciertamente como que el sol atraviesa el cielo en el transcurso del día, sabemos que, en esencia, eso no es cierto. O cuando miramos hacia los cielos lejanos en una noche despejada, y vemos las diminutas luces de las estrellas, parece ciertamente que estamos viendo algo que materialmente está allí, pero sabemos que eso es falso. De hecho, estamos mirando al pasado distante, porque la luz de esas estrellas ha alcanzado nuestros ojos sólo después de viajar a través de muchos años. O algunas veces realizamos un juicio acerca del carácter de una persona basados en un encuentro con ella, sólo para descubrir, luego de llegar a conocerla mucho mejor, que nuestra impresión original era bastante equivocada. Podríamos posteriormente decirle a un amigo, «Sé que *parece* de ese modo, pero en realidad no lo es». Lo que demuestran estos ejemplos comunes es que la realidad nunca es simplemente reductible a la apariencia y que, a veces, la verdad más profunda de las cosas es revelada, no a través de lo que vemos, sino por lo que escuchamos de voces autorizadas: un científico, un astrónomo, un amigo con experiencia. Tomás de Aquino está argumentando que, en la Eucaristía, las apariencias de pan y vino no revelan la verdad más profunda sobre lo que realmente está presente y que, de hecho, la palabra autorizada de Cristo lo hace. Regresemos al punto de Ratzinger. A la luz de esta aclaración, podemos valorar la importancia escatológica de la doctrina de la transubstanciación. Los elementos Eucarísticos, fruto de la tierra y del trabajo de manos humanas, no son destruidos ni aniquilados a través del poder de Cristo; antes bien, son transfigurados, enaltecidos como medios para la autocomunicación de Cristo. En las cartas de Pablo, encontramos la misteriosa observación de que, en la culminación de la época presente, Dios será «todo en todos» (1 Cor 15, 28) y que todos los pueblos se congregarán alcanzando «la madurez que corresponde a la plenitud de Cristo» (Ef 4, 13). ¿Podrá ser que los elementos Eucarísticos, transubstanciados en el Cuerpo y Sangre de Jesús, sean signos anticipatorios incluso ahora de lo que Cristo tiene pensado para el universo entero? ¿Podrá ser que, en ellos, podamos ver, aunque sea de modo borroso, el propósito de Dios respecto incluso de los rasgos más humildes de su creación? Tal vez, a la luz de esta doctrina, podamos comenzar a comprender las misteriosas palabras de Pierre Teilhard de Chardin sobre que la Presencia Real de Cristo en la Eucaristía señala la escatológica *transsubstantiation du monde* (transubstanciación del mundo).

Habiendo explorado la naturaleza de la Eucaristía, Tomás se empeña en explicar finalmente sus efectos. La principal consecuencia de la Eucaristía es la gracia, o una participación en la vida divina. Ya que contiene *ipse Christus* (Cristo mismo) y ya que Cristo vino al mundo como mensajero de la vida de Dios, la Eucaristía, por encima de cualquier otro sacramento o signo, contiene y causa la gracia. Esto es simbolizado poderosamente, sugiere

Tomás, en la apariencia de pan y vino que permanece luego de la transubstanciación. Del mismo modo en que la comida sostiene, repara y da placer al cuerpo, la Eucaristía sostiene, repara y da placer al alma. Sin el Cuerpo y la Sangre de Cristo, en otras palabras, la vida espiritual en nosotros estaría comprometida por el pecado, se atrofiaría y achataría, y finalmente se desvanecería completamente. En el artículo 4 de la cuestión 79, Tomás pregunta si la Eucaristía condona el pecado venial, y responde en términos de esta metáfora maestra de comida y bebida. Tal como el alimento restaura al cuerpo aquello que pierde por el esfuerzo diario, así la Eucaristía restaura aquello que se drena de nuestra espiritualidad por los pecados ordinarios, diarios. «También espiritualmente todos los días sufrimos un desgaste producido por el calor de la concupiscencia en los pecados veniales, que disminuyen el fervor de la caridad». Ya que es Cristo mismo, que es sólo el amor divino, la Eucaristía reaviva en nosotros el fervor perdido; en resumen, remite los pecados veniales. Recordamos aquí la historia de la conversión de Mateo. Jesús invitó al banquete sagrado al pecador Mateo, y luego tras su estela llegó una multitud entera de compañeros de Mateo en el crimen. La comida Eucarística es el lugar donde los pecadores son bienvenidos especialmente, porque es el lugar donde encontrarán precisamente lo que necesitan. ¿Por qué entonces, podríamos preguntarnos, Tomás sostiene que la Eucaristía no debe ser recibida por alguien en estado de pecado mortal? Por definición, el pecado mortal es una equivocación que ha comprometido tanto la relación de uno con Dios que ha efectivamente matado la vida divina en aquel que lo comete. Por lo tanto, tal como sería estúpido darle medicina a una persona muerta, sería contraindicado, concluye Tomás, ofrecer el poder curativo de la Eucaristía a alguien que está espiritualmente muerto. Al decir esto, por supuesto, sólo está reiterando lo que San Pablo dijo a los Cristianos de Corinto. Refiriéndose a aquel que recibe la Eucaristía indignamente, Pablo dijo que «come y bebe su propia condenación» (1 Cor 11, 29).

Quisiera decir una palabra sobre el atributo propiamente delicioso de la Eucaristía del que habla Tomás. Hasta el alimento más soso y menos apetitoso sería suficiente para mantener la vida; pero ¿quién de entre nosotros no disfruta una comida sabrosa y atractiva a los sentidos? La Eucaristía entonces —en su suntuoso escenario litúrgico, rodeado por música, arte, la Palabra de Dios y la oración de la comunidad— hace más que sostener la vida divina en nosotros. Nos deleita, como un anticipo del banquete celestial.

ALGUNOS ABORDAJES CONTEMPORÁNEOS DE LA PRESENCIA REAL

El abordaje sintético de Tomás de Aquino de la Eucaristía, que agrupó los testimonios de la escritura y patrísticos junto a las ideas filosóficas de mayor calidad de la época, resultaron ser una edificación intelectual formidable. Aunque fue desafiado por los reformadores Protestantes en el siglo XVI, fue, en su estructura esencial, reafirmado por el Concilio de Trento y propagado exitosamente a través de las universidades, seminarios y púlpitos Católicos bien entrados los tiempos modernos. Fue sólo alrededor de la mitad del siglo XX que fue desafiado seriamente por teólogos Católicos. Algunos se quejaron de que el foco en la categoría de substancia condujo a una comprensión excesivamente «cosificada» de la Eucaristía, que minimizó la dimensión dinámica y participativa del sacramento. Otros sintieron que el hiperacento en la presencia «real» condujo a una subestimación de la presencia de Cristo en otros aspectos de la liturgia y la vida de la Iglesia. Otros se preocuparon además de que la constante reiteración de la doctrina de Tomás condujera a un agrandamiento de la ruptura entre Católicos y Protestantes. Finalmente, y más importante, algunos académicos debatieron si la idea misma de la substancia era filosóficamente coherente. A la luz de los descubrimientos de la química y física contemporáneas, ¿tenía aún sentido, se preguntaban, referirse a la Eucaristía en términos de la filosofía Aristotélica?

Todas estas quejas condujeron hacia un radical re-pensamiento y re-presentación de la fe Eucarística de la Iglesia. Ciertos teólogos comenzaron a utilizar los términos «transignificación» y «transfinalización» en lugar del tradicional «transubstanciación». Por el primero, se referían al desplazamiento fundamental en significado que ocurre en el contexto Eucarístico, a través del cual el pan y vino vienen a significar, en el medio de la plegaria ritual de la comunidad, el cuerpo y la sangre de Jesús. Por el segundo, significaban el cambio en el final o finalidad de los elementos Eucarísticos cuando son alabados durante la Misa: no tienen más meramente el propósito de alimentar el cuerpo o expresar la unidad de la comunidad; sino que, su propósito más profundo es apuntar a Cristo y a la realización escatológica de la Iglesia. Estos abordajes —relativamente psicológicos, simbólicos, subjetivistas— evitaban el carácter físico del cual hablamos recién y parecían hacer de la Eucaristía un misterio más accesible a la audiencia moderna. Sin embargo, casi inmediatamente, se levantaron fuertes objeciones. Muchos de los críticos de la transignificación y transfinalización vieron a las nuevas teorías como simplemente versiones apenas corregidas de la explicación Berengariana desacreditada. Si el cambio Eucarístico involucra sólo un desplazamiento en el significado que la comunidad de alabanza asigna al pan y vino, luego la densa objetividad de la presencia de Cristo parece ser comprometida fatalmente. Si fuera sólo un asunto de que cierta comunidad «considerara» al pan y vino como algo distinto (muchos de los norteamericanos consideran que una prenda tricolor es representativa de la nación), entonces la comunidad llegaría a controlar la Eucaristía antes que viceversa. En su carta encíclica *Mysterium Fidei*, el Papa Pablo VI reconoció una legitimidad limitada al nuevo vocabulario, pero insistió en que cualquier cambio en el significado y finalidad tenía que estar enraizado en un cambio más elemental en el ser, por lo tanto en la transubstanciación.

En el despertar de este debate, un número de teólogos postularon, con la ayuda tanto de estudios bíblicos como de investigación filosófica contemporánea, una teoría que reconcilia la enseñanza clásica con los mejores elementos del nuevo abordaje. Mucho de esto se centró alrededor de una consideración del poder de la palabra divina. Los filósofos J. L. Austin y Ludwig Wittgenstein nos recordaron que nuestras palabras pueden funcionar no sólo de manera descriptiva sino también determinativa. Por otro lado, las palabras «Esa casa es azul» indica un estado de cosas, pero las palabras «estás despedido», cuando son pronunciadas por un supervisor, no simplemente muestran cuál es la cuestión; cambian cuál es la cuestión. Similarmente, si un oficial apropiadamente uniformado y comisionado por la ley dijera, «está bajo arresto», estarías, de hecho, bajo arresto, precisamente por el poder de su declaración. O si un árbitro apropiadamente designado gritara, «out» mientras un jugador de la Liga Mayor de Béisbol se desliza a la tercera base, el desafortunado jugador estaría, quisiera o no, «out», ya que la expresión verbal del árbitro habría cambiado objetivamente el desarrollo del juego. Podemos, en la famosa frase de Austin, «hacer cosas con palabras».

A la luz de esta clarificación sobre la cualidad determinativa de las palabras humanas, los teólogos comenzaron a considerar de nuevo el poder de la palabra divina. En el libro del Génesis, escuchamos que la creación ocurrió a través de una serie de actos discursivos divinos: «Entonces Dios dijo: "Que exista la luz". Y la luz existió . . . Dios dijo: "Que se reúnan en un solo lugar las aguas que están bajo el cielo, y que aparezca el suelo firme". Y así sucedió . . . Dios dijo: "Que la tierra produzca toda clase de seres vivientes: ganado, reptiles y animales salvajes de toda especie". Y así sucedió» (Gn 1, 3.9.24). Dios no está describiendo un estado de cosas preexistentes; está, a través de su discurso, dando vida a las cosas. San Juan, por supuesto, reitera esta idea cuando en el prólogo de su Evangelio dice, «Al principio existía la Palabra . . . Al principio estaba junto a Dios. Todas las cosas fueron hechas por medio de la Palabra y sin ella no se hizo nada de todo lo que existe» (Jn 1, 1-3). En el libro del profeta Isaías, encontramos la misma idea expresada en una forma poética hermosa. Pronunciando las palabras de Yahweh, Isaías dice, «Así como la lluvia y la nieve descienden del cielo y no vuelven a él sin haber empapado la tierra . . . así sucede con la palabra que sale de mi boca: ella no vuelve a mí estéril, sino que realiza todo lo que yo quiero y cumple la misión que yo le encomendé» (Is 55, 10-11). Nuevamente, en la interpretación bíblica, la palabra de Dios no tanto describe sino que *logra*. Tomás de Aquino le dio una expresión más filosófica a esta noción cuando dijo que Dios no conoce las cosas porque existen (tal como nosotros) sino que las cosas existen porque Dios las conoce. El teólogo jesuita contemporáneo Karl Rahner resumió esta línea de pensamiento, comentando, «La palabra de Dios es la palabra conveniente que trae con ella lo que afirma».

Ahora, esta misma palabra por la que Dios crea el cosmos se encarnó en Jesús de Nazaret; «Y la Palabra se hizo carne y habitó entre nosotros» (Jn 1, 14). Esto significa que Jesús es (tal como recién hemos indicado) no simplemente un hombre santo cuyas palabras describe Dios; él mismo es la palabra divina que alcanza lo que dice. Y entonces, en la cumbre de una tormenta terrible en el Mar de Galilea, Jesús se puso de pie en la barca, «increpó al viento y dijo al mar: "¡Silencio! ¡Cállate!"» y «El viento se aplacó y sobrevino una gran calma» (Mc 4, 39). Y de pie frente a la tumba de su amigo que había estado sepultado por cuatro días, Jesús dijo en alta voz, «¡Lázaro, ven afuera!» y «El muerto salió con los pies y las manos atados con vendas, y el rostro envuelto en un sudario» (Jn 11, 43-44). Y arrodillándose frente a una niña que yacía muerta en su habitación, Jesús dijo, «"Talitá kum", que significa: "¡Niña, yo te lo ordeno, levántate!". En seguida la niña, que ya tenía doce años, se levantó y comenzó a caminar» (Mc 5, 41-42). Una y otra vez, los escritores del Evangelio nos muestran que las palabras de Jesús son eficaces y transformativas, produciendo lo que pronuncian. Una y otra vez, presentan a Jesús como la encarnación de la palabra creativa del Génesis y de aquella palabra de Isaías que no regresa sin lograr su propósito. La noche antes de morir, Jesús realizó su más extraordinario acto-palabra. Reunido con los Doce para una cena Pascual, «tomó el pan, pronunció la bendición, lo partió y lo dio a sus discípulos, diciendo: "Tomen y coman, esto es mi Cuerpo". Después tomó una copa, dio gracias y se las entregó, diciendo: "Beban todos de ella, porque esta es mi Sangre, la Sangre de la Alianza, que se derrama por muchos para la remisión de los pecados"» (Mt 26, 26-28). Si fuera un profeta o maestro común, estas palabras poderosas, pronunciadas la noche anterior a su muerte, habrían ardido en las consciencias de sus seguidores y llevarían enorme resonancia simbólica. Podrían haber incluso cambiado profundamente a sus discípulos a nivel espiritual y psicológico. Pero Jesús no fue un profeta entre muchos; él fue la Palabra de Dios encarnada. Por lo tanto, sus palabras tenían el poder de crear, de alcanzar la realidad al nivel más profundo posible. Ya que lo que dice *es*, las palabras «Esto es mi cuerpo» y «Esta es mi sangre» cambian efectivamente el pan y vino en su Cuerpo y Sangre. Como todas las expresiones divinas, *producen* lo que dicen. La misma Palabra que pronunció los elementos de pan y vino a la existencia en primer lugar, ahora las pronuncia en un nuevo modo de existencia, cambiándolos en los portadores de la presencia sacramental de Cristo.

Para la teología Católica, la palabra eficaz de Cristo no se ha desvanecido de la existencia ni se ha disipado en una vaga memoria histórica. En cambio, permanece en la Iglesia: en su predicación, su enseñanza, sus sacramentos y, por sobre todo, en la liturgia Eucarística. Cuando el sacerdote en Misa saluda a la gente, no lo hace en su propio nombre, y cuando predica, no está compartiendo sus propias opiniones. En ambos casos, está permitiendo a la palabra de Jesús hablar a través de sus palabras. En ningún lado está más clara esta transparencia del sacerdote que cuando reza la así llamada «narración de la institución» en el corazón de la Plegaria Eucarística. Dirigiéndose a Dios Padre, recuerda lo que hizo Jesús la noche antes de morir: Jesús «tomó pan . . . dando gracias te bendijo, lo partió y lo dio a sus discípulos . . . Del mismo modo . . . tomó el cáliz, y dando gracias de nuevo, lo pasó a sus discípulos . . . ». Pero luego se inmiscuye en las palabras mismas de Jesús: «Esto es *mi* Cuerpo, que será entregado por ustedes . . . Éste es el cáliz de *mi* Sangre, Sangre de la alianza nueva y eterna». En ese momento, el sacerdote consagrante está actuando totalmente *in persona Christi* (en la persona de Cristo), eclipsándose totalmente y permitiendo que la misma palabra divina que transformó hace mucho tiempo el pan y vino lo transformen ahora.

Lo que sucede, por lo tanto (y vemos aquí el valor de los abordajes más nuevos), es que el pan y el vino han sido ciertamente transignificados y transfinalizados, pero el desplazamiento en significado no ha sucedido a través de ningún esfuerzo humano exiguo sino a través de la palabra divina. Y esto conlleva, como hemos estado argumentando, un cambio al nivel del ser. En este preciso sentido, entonces, transignificación y transfinalización ciertamente coinciden. Rahner señala que la enseñanza tradicional de la Iglesia confirma esta coincidencia cuando nos recuerda que la Presencia Real en la Eucaristía es una consecuencia del poder de la palabra.

El Concilio de Florencia dice expresamente que «la forma de este sacramento [la Eucaristía] son las palabras con que el Salvador *consagró* este sacramento», y el Concilio de Trento dice que Cristo se vuelve presente en los elementos Eucarísticos *ex vi verborum* (por el poder de las palabras). Rahner especifica que incluso los elementos Eucarísticos, preservados en el tabernáculo para Adoración, no serían verdaderamente las especies sacramentales si no estuvieran siendo constantemente determinadas por las palabras de la consagración, las palabras de aclaración, que fueron pronunciadas sobre ellas. Incluso en el silencio del tabernáculo, una palabra divina es pronunciada.

Uno de los comentaristas contemporáneos más perspicaces sobre la Eucaristía es el filósofo Católico Robert Sokolowski, y me gustaría concluir esta sección con una consideración breve de sus sutiles reflexiones sobre la Presencia Real. Sokolowski argumenta que hay tres formas para pensar la relación entre espíritu y materia.

De acuerdo a la primera, que él llama «Darwiniana», la materia es realmente todo lo que hay, y lo que llamamos «espíritu» es simplemente un epifenómeno de la materia. En esta interpretación Darwiniana, mente y voluntad, por ejemplo, son sólo funciones cerebrales refinadas. Un segundo modo de comprender la relación entre las dos realidades es el que él caracteriza como «Aristotélico». En esta visión, espíritu y materia existen más o menos a la par e interactúan entre ellos de modos complejos. Piensen, por ejemplo, en la visión estándar de cómo el cuerpo y el alma se relacionan entre sí. Pero el tercer modelo, que Sokolowski llama «creacionista» o «bíblico» sostiene la precedencia del espíritu sobre la materia. De acuerdo con este modo de interpretación, lo propiamente espiritual —mente y voluntad— precedió a la materia y puede determinar a la materia de acuerdo con sus propósitos. Todo lo que dije antes sobre la creación a través de la palabra es inteligible sólo en el contexto de este tercer marco. Hay problemas con la teología Eucarística, sostiene Sokolowski, cuando intentamos pensar a la Eucaristía en el contexto de cualquiera de los dos primeros modelos. Dentro del marco Darwiniano, la Presencia Real simplemente no tiene mucho sentido, porque todo lo que existe es materia. Dentro del marco Aristotélico, la Presencia Real se piensa como una suerte de cambio interno de este mundo, un modo nuevo y sin precedentes de las naturalezas finitas —una espiritual y la otra material— de relacionarse entre sí. Pero dentro del contexto bíblico, las cosas pueden tener un poquito más de sentido, porque en esta interpretación, Dios no es una naturaleza entre otras, un ser dentro del mundo, sino el creador del mundo, el fundamento de todas las cosas finitas. Y así Dios puede relacionarse con la materia de un modo no competitivo, volviéndose presente a través de ella sin debilitarla. La instancia suprema de este involucramiento no competitivo de Dios con su creación es, por supuesto, la Encarnación, y la Eucaristía no es otra cosa que la prolongación sacramental de la Encarnación. Por consiguiente, Dios puede utilizar la materia como vehículo para su presencia sin dejar de ser Dios y sin oprimir la materia que utiliza. La Eucaristía no involucra la suplantación de una naturaleza finita por otra —como si un árbol se convirtiera en un leopardo pero continuara luciendo y reaccionando como árbol— sino la presencia no competitiva de Dios dentro de un aspecto de la naturaleza que ha creado. De este modo, concluye Sokolowski, cuando la Iglesia habla de que Cristo está substancialmente presente en la Eucaristía aun cuando las apariencias materiales de pan y vino permanecen, está asumiendo esta perspectiva bíblica única sobre la relación de espíritu y materia.

Tanto Rahner como Sokolowski sostienen que la Presencia Real en la Eucaristía depende, finalmente, del poder de Dios Creador. Es sólo a través de la palabra de esta realidad que se extiende fuera de las limitaciones del mundo finito que es posible el cambio Eucarístico. Y es precisamente de este Dios, que se manifestó en la Encarnación y en la Eucaristía, que San Juan, San Ireneo, San Juan Crisóstomo, Orígenes, Lanfranco y Santo Tomás de Aquino dieron tan elocuente testimonio.

«NO TENEMOS AQUÍ ABAJO UNA CIUDAD PERMANENTE»

Anteriormente en este capítulo, vimos que muchos de los Padres de la Iglesia caracterizaron a la Eucaristía como alimento que efectivamente inmortaliza a aquellos que lo consumen. Entendieron que si Cristo está realmente presente en los elementos Eucarísticos, el que come y bebe el Cuerpo y Sangre del Señor se configura a Cristo de un modo mucho más que metafórico. La Eucaristía, concluyeron, Cristifica y por tanto, eterniza. Nuevamente, si la Eucaristía no fuera más que un símbolo, esta clase de vocabulario no tendría mucho sentido. Pero si la doctrina de la Presencia Real es verdad, entonces debe afirmarse esta eternización literal del que recibe la comunión.

Pero, ¿qué implica esta transformación en la práctica? Implica que la vida entera de uno —cuerpo, psiquis, emociones, espíritu— se ordena hacia la dimensión eterna, hacia el reino de Dios. Significa que las energías e intereses de uno, los propósitos y planes de uno, se sacan de un contexto puramente temporal y se les da un balance espiritual totalmente nuevo. La persona Cristificada sabe que su vida no trata finalmente sobre ella sino sobre Dios, la persona Eucaristizada entiende que su tesoro tiene que encontrarse en lo alto y no abajo. Riqueza, placer, poder, honor, éxito, diplomas, títulos, incluso vínculos de amistad y familiares son todos relativizados cuando la gran aventura de la vida con Dios se abre de par en par. La persona eternizada puede decir con Pablo, «ya no vivo yo, sino que Cristo vive en mí» (Ga 2, 20) y «no tenemos aquí abajo una ciudad permanente» (Heb 13, 14).

Esta es la paradoja: tal reconfiguración verdaderamente hace a tales personas más y no menos efectivas y felices en este mundo. G. K. Chesterton dijo que cuando era agnóstico y estaba convencido de que sería feliz sólo a través del uso de los bienes de este mundo, en verdad era miserable. Pero cuando se dio cuenta de que no estaba destinado a estar satisfecho de forma definitiva aquí abajo, encontró, para su infinita sorpresa, que se volvió feliz. Dorothy Day, la fundadora del Movimiento del Trabajador Católico, fue una de las defensoras más radicales de la justicia social y la paz del siglo XX —y esto fue *porque* era tan apasionadamente devota de la Eucaristía, *porque* había sido, en cuerpo y alma, inmortalizada al consumir la Presencia Real de Jesús.

Es por esta razón que le digo a la gente que sea muy cuidadosa cuando se acerca a la Eucaristía. Si los elementos fueran simplemente símbolos —invenciones de nuestra propia creatividad y deseo espiritual— no plantearían ninguna amenaza particular. Pero como son el poder y la presencia de Dios, cambiarán a aquel que los consume. Cuando el que comulga dice «Amén» y recibe la hostia y el cáliz que se le ofrece, será mejor que esté preparado para vivir una vida eterna.

El 69% de los Católicos no cree que la Eucaristía es
la Presencia Real de Jesucristo . . .

Este libro puede ayudar.

Para ordenar más copias de este libro para sus
amigos, familia o parroquia y acceder a recursos
gratis para conversar sobre la Presencia Real, visite:

wordonfire.org/Eucharist